Das Ende der sozialistischen Regime am Ausgang der 80er Jahre hat umfangreiche und noch nicht abgeschlossene Debatten ausgelöst. Immer wieder ging und geht es um drei Themenkomplexe: um den allgemeinen Verlust von Orientierungen, um die Rolle der Intellektuellen in der Nähe der Macht und um das vorschnell erklärte Ende der Utopien.

Die Frankfurter Historik-Vorlesungen haben namhafte Intellektuelle aus Politik, Publizistik, Kunst und Wissenschaft eingeladen, um eine Debatte fortzusetzen, deren Grund und Notwendigkeit spätestens seit 1945 offenliegt. Die hier versammelten Texte wollen dazu beitragen, überkommene Denkschablonen zu überwinden und das politische Links-Rechts-Schema zu durchbrechen.

Die Zuweisung von Verantwortlichkeit an Intellektuelle, an Wissenschaften und Theoriebildung verlangt nach einer präzisen Bestimmung der jeweils unterschiedlichen historischen Situationen. Sie verbietet die Redeweise von der allgemeinen Verstrickung ebenso wie die einseitige, von Strukturen absehende Personalisierung eines Verrats und die Annahme einer diffusen Theoriefeindlichkeit.

Die sich in diesen Kategorien verlierende gegenwärtige Diskussion weicht der herausfordernden Frage nach dem »Denken im Zwiespalt«, nach dem heiklen Verhältnis von Intellektuellen und der Macht im 20. Jahrhundert aus.

Im vorliegenden Band werden unterschiedliche Spielarten dieses Verhältnisses kontrovers diskutiert, werden offene Fragen an alte Gewißheiten gestellt.

Die Herausgeber:
Werner von Bergen, geboren 1955 in Köln, Lehre zum Verlagskaufmann, studierte anschließend Germanistik und Politikwissenschaft in Frankfurt am Main, 1984 M.A., Journalist; arbeitet als Redakteur seit 1988 im ZDF-Kulturmagazin »aspekte«, seit 1992 ist er zuständig für das »Literarische Quartett«. Zahlreiche Filme zu Literatur, Kino und Denkmalschutz.

Walter H. Pehle, geboren 1941 in Düsseldorf, studierte Geschichte, Germanistik und Philosophie; Dr. phil., Historiker. Seit 1976 Lektor für Geschichte / Zeitgeschichte im Fischer Taschenbuch Verlag; Herausgeber der Buchreihe »Die Zeit des Nationalsozialismus« und zuständig für die neue Reihe »Europäische Geschichte«. Zahlreiche Buchpublikationen, zuletzt (als Hg. zusammen mit Wolfgang Benz) das »Lexikon des deutschen Widerstandes« (S. Fischer Verlag).

Denken im Zwiespalt
Über den Verrat von Intellektuellen im 20. Jahrhundert

Mit Beiträgen von
Carl Amery, Joschka Fischer, Heiner Geißler,
Wolfgang Kraushaar, Elisabeth Lenk,
Patrik von zur Mühlen, Jens Reich
und Michael Rohrwasser

Herausgegeben
von Werner von Bergen
und Walter H. Pehle

Fischer Taschenbuch Verlag

3. Frankfurter Historik-Vorlesungen

Originalausgabe
Veröffentlicht im Fischer Taschenbuch Verlag GmbH,
Frankfurt am Main, Dezember 1996

Ein Projekt des Vereins zur Erforschung der Geistesgeschichte
in Deutschland nach 1945 e.V., Frankfurt am Main
© 1996 by Fischer Taschenbuch Verlag GmbH, Frankfurt am Main
Alle Rechte vorbehalten
Umschlaggestaltung: Buchholz/Hinsch/Hensinger
Gesamtherstellung: Clausen & Bosse, Leck
Printed in Germany
ISBN 3-596-12699-1

Gedruckt auf chlor- und säurefreiem Papier

Inhalt

Vorbemerkung der Herausgeber

»Die alte Klage über die Verführbarkeit der Intellektuellen mußte nach dem Zusammenbruch des Kommunismus in besonders schrillen Tönen angestimmt werden. Zu oft und zu lange hatten ja Intellektuelle, und nicht immer die geringsten, als Apologeten oder – die Feigeren – als Mitläufer ihre Hoffnungen und ihren eigenen sozialen Führungsanspruch in der einen oder anderen Weise mit dem Ausgang des kommunistischen Experiments verbunden.« Treffender, als dieses Panajotis Kondylis kürzlich in der *Frankfurter Allgemeinen Zeitung* formuliert hat, kann man die Ausgangslage nicht beschreiben, die den 3. Zyklus der »Frankfurter Historik-Vorlesungen« bestimmt hat. Um ein Jahrhundert-Thema sollte es gehen, um den Verrat von Intellektuellen, um die Preisgabe der Ideale und Utopien im vorauseilenden Gehorsam vor den Mächtigen – ob unter Stalin oder unter Hitler.

Bis 1989 gehörte dieses »Denken im Zwiespalt« zu den wohlgehüteten Tabus der jeweiligen ideologischen Glaubensgemeinschaft. Schon allein die Beziehung von Intellektuellen zur jeweils herrschenden Macht zu formulieren, stand von vornherein unter dem Generalverdacht des Verrats. Dieses hat sich nach 1989, nach dem Zerfall der politischen Blöcke, grundlegend gewandelt. Langsam lösten sich auch die Blockaden in den Köpfen. Ein spannendes Vorhaben also, namhafte Intellektuelle aus Politik, Publizistik, Kunst und Wissenschaft einzuladen, um jenseits von überkommenen Denkschablonen und altem politischen Lagerdenken eine öffentliche Debatte darüber zu führen, wie Intellektuelle ihre Glaubwürdigkeit, ja sogar ihr Leben in der Nähe der Macht verbrauchten. Das Ergebnis: eine intensive, hochemotionale und oft auch schmerzhafte Suche nach historischen Tatbeständen und verschütteten »Wahrheiten«.

Das Buch verstößt gegen viele bislang sorgfältig gehegte Gewißheiten. Jeder der Autoren hat es gewagt, sich auf ideologisch vermintes Gelände zu begeben und sich durch das Gestrüpp der blockbildenden Vorurteile eines ganzen Jahrhunderts zu arbeiten. Wer konnte schon vor nicht allzu langer Zeit mit dem Hinweis auf Stalins millionenfache Morde die eigene linke »gute Sache« in Frage stellen, ohne seine Freunde zu verlieren? Wer konnte es riskieren, auf Erfahrungen von unabhängigen Stimmen zu hören, die – wie etwa Margarete Buber-Neumann – sowohl von den Stalinisten als auch von den Nationalsozialisten verfolgt und daher von beiden »Lagern« totgeschwiegen wurden? Haben diejenigen Intellektuellen – ex post betrachtet – klarer gesehen, die unter Lebensgefahr und entgegen dem Zeitgeist damals darauf bestanden haben, ihre Utopien auch auf die mörderischen Folgen hin zu untersuchen? Oder hatten die kommunistischen Häftlinge in den deutschen Konzentrationslagern recht, die ihre Genossen rigoros abstraften, um ihre ideologische Geschlossenheit vor den Nationalsozialisten zu retten? Warum haben es deutsche Intellektuelle den Emigranten so schwergemacht, nach dem Kriege in Deutschland wieder heimisch zu werden? Sind Intellektuelle überhaupt noch imstande, auf die großen Probleme ihrer Zeit sinnvolle Antworten zu geben, oder sind sie nicht längst selber als neue Priester alter Orthodoxien Opfer allzu großer Erwartungen ihrer Zeitgenossen geworden?

Die Intellektuellen und die Macht im 20. Jahrhundert – ein heikles Verhältnis, das neu befragt werden will. Dieser Aufgabe haben sich Autoren gestellt, die zu denen gehören, die nach der »Wende« von 1989 nicht mit Häme die politische Theorie begraben, weder von der »allgemeinen Verstrickung« geraunt noch etwa aufklärerische Maximen gleich mit entsorgt haben. Querdenker und Unruhestifter ergreifen in diesem Buch das Wort: Heiner Geißler und Jens Reich; Wolfgang Kraushaar; Michael Rohrwasser und Joschka Fischer; Carl Amery und Elisabeth Lenk; zuletzt Patrik von zur Mühlen. Ihnen an erster Stelle gebührt unser Dank nicht nur für ihre Beiträge zu den »Frankfurter Historik-Vorlesungen« 1993, sondern auch für ihre Bereitschaft, die Texte für die Veröffentlichung noch einmal zu überarbeiten.

Das vorliegende Buch wäre nicht zustande gekommen ohne das Engagement einer Gruppe von unabhängigen Frankfurter Bürgerinnen und Bürgern, die das Vorlesungsprojekt im »Verein zur Erforschung der Geistesgeschichte in Deutschland nach 1945« konzipiert haben. Der Verein hat sich die Aufgabe gestellt, die Voraussetzungen und Folgen der engen Verbindung zwischen Geistesgeschichte und Nationalsozialismus in Deutschland nach 1945 zu untersuchen, zu dokumentieren und in öffentlichen Veranstaltungen – wie in den »Frankfurter Historik-Vorlesungen« – zu diskutieren. Auch das vorliegende Projekt möchte dazu beitragen, das Bewußtsein für die bedrängende Präsenz der übersehenen, nicht wahrgenommenen und übergangenen Vergangenheit zu schärfen. Wir danken den Freundinnen und Freunden aus dem »Verein zur Erforschung der Geistesgeschichte« – Christoph Cobet, Marijon Kayßer, Matthias Menke, Dorothea Rein sowie Peter Sillem.

Nicht zuletzt sind wir Alexander Demirovic und Gertrud Koch für ihre souveränen Moderationen der hitzigen Debatten dankbar. Und: in vielerlei Hinsicht Dank auch an Jürgen Busche.

Finanziell und ideell getragen wurde auch die 3. Folge der »Frankfurter Historik-Vorlesungen« vom Dezernat für Kultur und Freizeit der Stadt Frankfurt am Main und von der Verlegerin der S. Fischer Verlage, Monika Schoeller; für die großzügige Hilfe, ohne die die Veranstaltungsreihe nicht hätte stattfinden können, herzlichen Dank.

Dieses Buch soll zu Diskussionen anregen und offene Fragen an alte Gewißheiten stellen. Nicht etwa um eine pauschale Intellektuellenschelte geht es hier, sondern um die Vermessung jenes schmalen Grates zwischen Geist und Macht, auf dem die Denker dieses Jahrhunderts hatten balancieren müssen. Heinrich Mann, ein Deutscher im Exil, wußte, worüber er schrieb, als er 1944 in seinen Erinnerungen *Ein Zeitalter wird besichtigt* formulierte: »So haben Menschen die Autorität ausgeübt, wenn sie ihren Mißbrauch denunzierten, und dem Zweifel arbeiten sie zu, gerade mit ihrem Zuviel an Gläubigkeit. Weltanschauung, was auf deutsch diesen Namen trägt, hat einen doppelten Boden.«

Frankfurt am Main   Werner von Bergen
im September 1996   Walter H. Pehle

Heiner Geißler

Wie mörderisch ist Utopie?

Über die moralische Legitimation der Menschenrechte

Über die Frage, ob es Staatsterror um der gerechten Sache willen geben darf, ob er eine moralische Legitimation hat, braucht man nicht lange zu philosophieren: Die Antwort ist ein klares Nein. Eine andere und wahrscheinlich auch interessantere Frage ist, unter welchen Bedingungen Utopien totalitären und terroristischen Charakter annehmen. Es ist noch nicht lange her, da haben viele – auch ich – geglaubt, jetzt, nach dem Zusammenbruch des Kommunismus, sei der Schlüssel gefunden für das Tor zu einer neuen Weltfriedensordnung, in der alle Menschen, wie es schon immer die Sehnsucht der Völker war, in Freiheit, Frieden und Gerechtigkeit zusammenleben können. Inzwischen muß man die Entwicklung wohl skeptisch beurteilen: Schreckensvisionen als Utopien im schlechten Sinne des Wortes, also solche, die totalitär und terroristisch werden können, sind immer noch als Gefahr vorhanden.

Jeden Tag sehen die Menschen im Fernsehen Bilder von unvorstellbarer Armut, aber auch von unfaßbarer Grausamkeit und voller Widersprüche. Gegen den Irak wurde wegen des Öls ein blutiger und technisch perfektionistischer Krieg geführt; aber die Generäle in Serbien schlugen sich vor Lachen auf die Schenkel, weil dieselben industriellen Supermächte, die am Golfkrieg beteiligt waren, dem Abschlachten in Bosnien tatenlos zusahen. Die Klimakatastrophe rückt näher, und das eigene Land droht fast im Verkehrsinfarkt zu ersticken. Die innere Einheit Deutschlands ist noch weit von ihrer Vollendung entfernt, gleichzeitig drohen Rußland und die GUS-Staaten noch weiter auseinanderzubrechen, und der islamische Fundamentalismus befindet sich auf dem Vormarsch.

Utopien – im positiven wie im negativen Sinne – scheinen in den

Köpfen und Herzen der Menschen wieder mehr und mehr Zuspruch zu finden. Sie verlangen nach ganzheitlichen Lösungen, die Widersprüche und Grausamkeiten für die Zukunft ausräumen und beseitigen sollen. Dies hängt einmal damit zusammen, daß den Menschen die geschichtlichen Prozesse in ihren Zusammenhängen nicht richtig erklärt und keine überzeugenden Antworten auf das Problemgebirge, das sich vor ihnen auftürmt, gegeben werden. Zum anderen erscheint nicht nur auf der nationalen Ebene, sondern weltweit das Nicht-Handeln, das Zu-spät-Handeln geradezu als Maxime der Politik. Die berühmte Hetäre Phryne hat, wie man aus der griechischen Philosophie weiß, mit dem Neuplatoniker Xenokrates einmal eine Nacht verbracht und am anderen Morgen gesagt, sie habe mit einer Statue geschlafen. Das ist der Eindruck, den die Politik heute weltweit macht: impotent und lendenlahm.

Dies ist auch darin begründet, daß die Probleme komplexer geworden und eigentlich differenzierte Antworten gefordert sind. Leichter ist es, Schlagworte als Antworten ins Volk zu streuen, wie zum Beispiel: »Lieber rot als tot«, »Raketen sind Magneten«, »Freiheit statt Sozialismus«, »Das Boot ist voll« oder »Deutschland den Deutschen«. Diese »Antworten« auf komplexe Probleme sind einfach zu simpel, als daß sie wahr und richtig sein könnten.

Aber gerade weil es der sogenannten »etablierten« Politik häufig an konzeptionellen Ansätzen fehlt, verbreitet sich Unsicherheit, auch die Neigung, simple Lösungen und Reaktionen als Fluchtpunkte zu wählen. Individualisierung, Wahlenthaltung, Protestwahlverhalten, Parteienverdrossenheit, nationale Abschottung, Fremdenhaß und die Weigerung, an argumentativen, diskursiven, also demokratischen Lösungen mitzuwirken, gehören – mit unterschiedlicher Gewichtung – zu einer weitverbreiteten Orientierungslosigkeit, die im Fehlen des Konzeptionellen und in der Krise des Politischen ihre Ursachen und Folgen zugleich hat.

Dabei wäre es gar nicht so schwierig, den Menschen Orientierung zu bieten, Utopien zu entwickeln, die gleichzeitig realistisch genannt und von den Menschen akzeptiert werden können, wenn man zum Beispiel die wirklichen Ziele der Revolution, die sich 1989 ereignet hat, ernst nähme. Es ist notwendig und lohnt sich, darüber nachzudenken, was sich in dieser Revolution und in den Jahren danach eigentlich abgespielt hat. Wir sind die Zeitzeugen eines der größten Umbrüche, die

die Weltgeschichte in den letzten 2000 Jahren erlebt hat. Die Völkerwanderung vor 1500 Jahren erstreckte sich auf das westliche Asien und Teile Europas. Die Revolution von 1989 aber ging nicht nur mitten durch Deutschland, sondern sie hatte gleichzeitig globalen Charakter. Schon deswegen ist es eine schlichte Verniedlichung, in diesem Zusammenhang von einer »Wende« zu sprechen, als ob es sich um einen ganz normalen Regierungswechsel wie den in Deutschland von 1982 und nicht um ein Ereignis von weltweiter Bedeutung gehandelt hätte.

Warum hat diese Revolution stattgefunden, und welche Zielsetzungen hatte sie? Ich will meine Interpretation mit einem Beispiel verdeutlichen. Wahrscheinlich ist es hilfreich, sich bei allem Stolz auf die Leipziger und Dresdener und die Revolutionäre in vielen anderen Städten der früheren DDR an ein anderes Volk zu erinnern, auf das leider manche schon wieder von oben herabzuschauen beginnen, nämlich an die Polen, die nicht unter der milden Regie eines Gorbatschow, sondern in der harten Breschnew-Ära den Aufstand gegen den Kommunismus gewagt hatten. Als die Werftarbeiter in Danzig sich 1970 erhoben, wurde nicht mit Platzpatronen geschossen, sondern es floß Blut; über 200 Menschen sind dabei um ihr Leben gekommen. Zehn Jahre später hat man den Opfern des Aufstands von 1970 ein Denkmal errichtet. Der damalige Vorsitzende von Solidarność und spätere Staatspräsident Polens, Lech Walesa, hat bei der Einweihung dieses Denkmals gesagt, diese Arbeiter seien für die höchsten Güter der Menschheit gestorben, nämlich für die Freiheit, die Gleichheit und die Brüderlichkeit. Auch die Deutschen in Dresden, Leipzig und Ostberlin sind nicht auf die Straße gegangen, um den deutschen Nationalstaat wiederherzustellen, sondern weil sie freie Menschen werden und in einer Gesellschaft leben wollten, in der die Bürger vor dem Gesetz gleich sind, in einer Gesellschaft ohne Privilegien und Nomenklatura, in einer Gesellschaft, in der Gerechtigkeit, Brüderlichkeit und Schwesterlichkeit verwirklicht werden.

Ein Kardinalproblem, das Politik und Gesellschaft heute viel zu schaffen macht, liegt meines Erachtens darin, daß ein Teil der Ziele der Revolution offensichtlich in Vergessenheit geraten ist und sich manche auch der politisch Verantwortlichen mit dem Erreichen eines Teils dieser Ziele zufriedengeben: Alle Deutschen sind heute freie Menschen, und die staatliche Einheit Deutschlands ist vollendet. Aber wir haben noch keine Gleichheit in Deutschland, und die Gerechtigkeit ist noch nicht vollständig verwirklicht. Manche haben geglaubt, es werde von selber gehen, der Markt werde es schon richten, die Kräfte des Marktes würden das übrige besorgen. Das war ein Irrtum, auch ein Irrtum darüber, was man unter sozialer Marktwirtschaft zu verstehen hat. Infolgedessen ist der Prozeß der inneren Einheit noch lange nicht am Ende und damit auch die Revolution noch nicht vollendet, aber nicht vor allem deswegen, wie Wolfgang Schäuble durchaus zu Recht gesagt hat, weil sie unblutig war, sondern sie ist unvollendet, weil noch nicht alle Ziele realisiert worden sind.

Der erste Ruf der Revolutionäre von Leipzig und Dresden war: »Wir sind das Volk.« Das war ein Urschrei nach Demokratie und den Grundwerten, die ich oben beschrieben habe. Erst danach kam: »Wir sind ein Volk.« Das heißt nicht, daß die Deutschen im Osten genauso wie im Westen nicht die Einheit gewollt hätten. Aber sie waren nicht das ursprüngliche Ziel der Revolutionäre, sondern die Garantie dafür, daß kein kommunistischer Funktionär und kein sowjetischer General ihnen die Freiheit und die Aussicht auf das Zusammenleben in einer gerechten und solidarischen Gesellschaft jemals wieder nehmen könnte. Das Nationale hatte also vor allem einen instrumentellen Charakter. Wenn sich heute das Nationale und das Nationalstaatliche wieder mehr in den Vordergrund schieben und nach vorne drängen, hat dies andere Gründe und hängt eng mit dem zusammen, was ich als Flucht in einfache Antworten beschrieben habe.

Die wahrscheinlich entscheidende Frage ist in diesem Zusammenhang die nach den Gründen des Zusammenbruchs des Kommunismus. Was war mit dieser Utopie geschehen? Manche sagen, die Amerikaner hätten den Kommunismus und die sozialistischen Staaten zu Tode gerüstet, und Ronald Reagan habe Breschnew die Grenzen des wirtschaftlich Möglichen aufgezeigt. Das ist sicher auch richtig. Aber man sollte den Anteil eines Michail Gorbatschow, den man, wie Lothar Gall es fälschlicherweise von Bismarck gesagt hat, ein Genie der werdenden Wirklichkeiten nennen kann, nicht unterschätzen. Er hat zwar nicht als erster die Widersprüche des Marxismus erkannt, aber als erster kommunistischer Machthaber Konsequenzen daraus gezogen. Jens Reich hat einmal gesagt, es hätte nicht der Trompeten von Jericho bedurft, um die Mauer zum Einsturz zu bringen, sondern die DDR wäre von allein kaputtgegangen. Ob er damit recht hat, läßt sich nicht mehr beweisen. Aber wäre es so gekommen wegen der wirtschaftlichen Mißstände und sozialen Verhältnisse im real existierenden Sozialismus? Ich glaube, daß der real existierende Sozialismus an einer zutiefst unmoralischen Struktur zugrunde gegangen ist, in der Lüge, Betrug, Denunziation, Ausbeutung, ungerechtfertigte Privilegien und staatlich verordnete Ungerechtigkeit zum System gehörten. Der Sozialismus nach DDR-Prägung war eine unmoralische Ordnung.

Quatsch

Das ist aber kein exklusiver Vorwurf an die Adresse der früheren sozialistischen Staaten und ihrer Repräsentanten. Moral, diesen Begriff hatten alle im Mund: Napoleon, Bismarck, Hitler, Stalin, Honecker. Sie alle haben ihre Politik moralisch verbrämt, den Begriff als verbale Hure verwendet, in die jeder alles hineingestopft hat, was ihm gerade gepaßt hat. Was sind aber die wirklichen moralischen Kategorien in einer Demokratie? Es sind Freiheit, Gleichheit und Brüderlichkeit als die Grundwerte der Menschenwürde. In früheren Zeiten sind sie auf der Strecke geblieben. Bismarck, auf den sich heute wieder zu viele und zu Unrecht berufen, hat einmal gesagt, daß Grundsätze in der Politik ungefähr so seien, als wolle man mit einer großen Stange quer im Mund durch einen Wald laufen. Und so war auch seine Politik, und so war die Politik danach.

Karl Marx hat in seiner Schrift »Zur Judenfrage« geschrieben, der Mensch, wie er geht und steht, sei nicht der eigentliche Mensch. Er müsse, um zum Menschen zu werden, das richtige gesellschaftliche Bewußtsein haben und der richtigen Klasse angehören. Die Nazis haben gesagt, er müsse der richtigen Rasse angehören. Was sagen wir als Demokraten? Wir sagen doch hoffentlich: Der Mensch, wie er geht und steht, ist der eigentliche Mensch, unabhängig davon, ob er jung oder alt, Mann oder Frau, gesund oder krank, voll leistungsfähig oder behindert, Deutscher oder Ausländer, Schwarzer oder Weißer, Christ oder Buddhist oder Hindu ist. In diesem Menschenbild unterscheiden sich Demokratien von negativen Utopien oder, korrekter ausgedrückt, von Ideologien.

Auf der Grundlage des Menschenbildes des frühen Marx oder der Nationalsozialisten konnte man natürlich weder die klassenlose Gesellschaft aufbauen noch den ewigen Frieden realisieren. Thomas Morus hat in seiner Schrift »Utopia« ein Land beschrieben, wie er es sich als gerecht und frei vorstellte. Ernst Bloch war der Auffassung, Morus sei einer der edelsten Vorläufer des Kommunismus. Das war wohl ein grobes Mißverständnis, denn die Ideologen des real existierenden Sozialismus waren offenbar Leute, die glaubten, daß die Menschheit besser sei als der Mensch und deshalb die Menschheit notfalls auch gegen den Willen der Menschen gerettet werden müsse. Thomas Morus unterlag diesem kollektivistischen Irrtum nicht. Für ihn waren die personale Entscheidung, der Mut zur persönlichen Verantwortung und die Gewissensfreiheit entscheidend. Daraus kann man lernen und das Fazit ziehen, daß jede Utopie, die das Kollektiv über die Menschenwürde stellt, totalitär und terroristisch wird.

Es gibt aber noch ein zweites Merkmal, das sich anhand zweier Geschichten illustrieren läßt, die die Journalistin Josefin Adler in einer Sendung des Süddeutschen Rundfunks einer breiteren Öffentlichkeit bekannt gemacht hat. Sie erzählte von einer iranischen Lehrerin, die mit ihren männlichen Arbeitskollegen in einem Auto zur Schule gefahren war, weil sie den Bus verpaßt hatte. Weil dies nach iranischem Recht nicht zulässig ist, wurde sie am anderen Tag von ihren Schülern ausgepeitscht, wobei sie ein Auge verlor. Sie flüchtete nach Deutschland. Ihr Asylantrag wurde aber von einem deutschen Gericht mit der Begründung abgelehnt, ihre Auspeitschung stelle keine individuelle Verfolgung im Sinne des Grundgesetzes dar, sondern es handle sich um eine Strafe, die zur Aufrechterhaltung der islamischen Ordnung jede Person, die sich eines vergleichbaren Vergehens schuldig gemacht habe, getroffen hätte. »Jede Person«, das heißt doch wohl nur: jede Frau, denn Männer dürfen sich ja ungestraft mit Frauen ins Auto setzen. – Im Falle einer anderen muslimischen Frau aus Bosnien stellte eine deutsche Behörde fest, daß Vergewaltigungen nicht politisch motiviert und daher kein Grund seien, betroffene Frauen nicht in ihre Heimatländer zurückzuschicken. Es ist bekannt, daß die Bewohnerinnen der Bürgerkriegsgebiete im früheren Jugoslawien täglich vergewaltigt worden sind. Es sollen bisher mindestens 50 000 Frauen gewesen sein, wie die ZDF-Redakteurin Maria von Welser festgestellt hat. Josefin Adler zitiert einen Soldaten: »Ich weiß nur noch, daß ich der zwanzigste war, daß sie ekelerregend und voller Sperma war und daß ich sie am Ende erschossen habe.« Man muß sich die Frage stellen, was unmoralischer ist: die Unfähigkeit von Behörden, die Moral und das Unrecht zu erkennen, oder die Tat selber.

Deswegen lautet das zweite Fazit: Utopien werden dann totalitär und terroristisch, wenn ihnen ein ideologischer oder religiöser Absolutismus zugrunde liegt. Das, was der iranischen Lehrerin widerfahren ist, hat seine Grundlage in einer mißverstandenen Interpretation des Islam, in der Unterdrückung der Frau in der islamischen Welt. Niemand in den europäischen Breitengraden braucht sich deshalb darüber zu erheben. Was die Ayatollahs im Iran bewerkstelligt haben, hat es auch in der europäischen Geschichte gegeben, von der Inquisition bis hin zum Machismo, den es auch in Deutschland nach wie vor gibt. Islamische oder auch christliche Ayatollahs, die Religion verabsolutieren – man kann dies auch Fundamentalismus nennen –, machen aus der Religion, aus einer Utopie, wie man sie auch nennen könnte, Terror und Totalitarismus. Auch für Christen darf das, was in der Bergpredigt steht, nicht zum Gesetzeswerk erklärt werden. Es wäre gefährlich, die Kirche zum Staat zu machen.

Fundamentalismus und Kollektivismus sind zwar nicht die einzigen, aber wichtige Kriterien, auf deren Grundlage Utopien terroristisch und totalitär werden können. Das heißt im Umkehrschluß, daß jede Utopie, wenn sie nicht totalitär und terroristisch werden soll, eine moralische Grundlage haben und in der Menschenwürde und den Grundwerten verankert sein muß. Folter und Diskriminierung bleiben Verletzungen der Menschenrechte, gleichgültig, ob sie im Namen Allahs oder der Weltrevolution oder der Inquisition praktiziert werden. Es gibt keine Kultur dort, so sagt der französische Philosoph Alain Finkielkraut, wo man über Delinquenten körperliche Züchtigung verhängt, wo unfruchtbare Frauen verstoßen und Ehebrecherinnen mit dem Tode bestraft werden, wo die Aussage eines Mannes genausoviel wert ist wie die von zwei Frauen, wo eine Schwester nur Anspruch auf die Hälfte des Erbes hat, das ihrem Bruder zufällt, wo die Frauen beschnitten werden, Mischehen verboten sind und die Polygamie erlaubt ist.

Es gibt nicht wenige, die ich die falschen Multikulturellen nenne, die vor der Auffassung warnen, Menschen aus anderen Kulturen müßten sich dem Universalitätsanspruch der Menschenrechte beugen, da sie das europäische Denken schon vom Ansatz her ohnehin nicht verstünden. Ich bin grundsätzlich anderer Meinung – ob man das »Kulturimperialismus« nennen mag oder nicht: Wer gesteinigt und hingerichtet werden soll, wer gefoltert und diskriminiert wird, kann ohne längere Deduktionen – kulturelle Identität hin, nationale Identität her – leicht begreifen, welche unmittelbaren Vorzüge der Universalitätsanspruch der Menschenrechte und der Menschenwürde für ihn bedeuten. Und er wird sich dann den sogenannten Rassismus gerne gefallen lassen, der darin besteht, daß Demokraten auch aus fernen Ländern und fremden Kulturen sich für seine Befreiung und die Abwendung einer bevorstehenden Hinrichtung einsetzen.

Viel aktueller jedoch und mindestens genauso gefährlich ist ein neuer Kollektivismus: der Nationalismus. Im Gegensatz zu Freiheit, Gleichheit und Brüderlichkeit ist das Nationale kein Grundwert und wird nie ein Grundwert sein können. National waren die Nazis und die Kommunisten, aber sie waren weder freiheitlich gesinnt noch gerecht. Das Nationale ist ein politisches Ziel, das man anstreben kann oder auch nicht, gehört aber nicht zum politischen Sittengesetz einer Gesellschaft und zu den Grundwerten, innerhalb deren eine Gesellschaft leben muß, wenn sie die Menschenwürde achten und als zivilisiert gelten will. Die Auseinandersetzung um das Nationale ist in Deutschland in vollem Gange und nicht nur auf Schönhuber und Konsorten beschränkt. Der Nationalismus ist das Problem der Zukunft, zumindest der nächsten Zukunft, und wenn man ihm nicht entschieden genug entgegentritt, zumindest in Europa, dann wird er die reale Utopie eines einigen Europas zerstören. Die Demokraten dürfen es nicht soweit kommen lassen. Zwar waren die Deutschen in ihrer Mehrheit nie Rassisten, auch nicht in der Weimarer Republik, aber es gab viele Nationalisten, vor allem im Bürgertum. Mit dem Nationalismus hat Adolf Hitler die Deutschen zum Rassismus verführt (Oberndörfer). Deswegen ist entschiedenes Eintreten gegen Nationalismus für Deutschland und für Europa so wichtig.

Auch das gestiegene Ausmaß an Fremdenfeindlichkeit, das in den vergangenen Jahren das Bild der Bundesrepublik mitgeprägt hat, hat etwas mit dem neuen Nationalismus zu tun. Eigentlich bedürfte es ja keiner weiteren Erklärung, daß es keinerlei Rechtfertigung dafür gibt, irgend jemanden abzufackeln oder ihm das Dach über dem Kopf anzuzünden, weil er eine andere Hautfarbe, Muttersprache oder Herkunft hat. Aus Gesprächen mit Kindern und Jugendlichen, 14- und 15jährigen in Rostock-Lichtenhagen, die sich an den wüsten Ausschreitungen gegen das dortige Asylbewerberwohnheim beteiligt haben, geht hervor, daß diese Jugendlichen sich nicht im geringsten bewußt waren, was sie angestellt hatten, und daß ihnen das Gewissen nicht schlagen hat. Aber wie soll ihnen das Gewissen schlagen – und das ist nicht auf die ostdeutschen Länder beschränkt –, wenn sie weder im Elternhaus noch in der Schule etwas von Gott gehört haben, von den zehn Geboten und dem Sittengesetz, das die Grundlage jeder zivilisierten Gesellschaft sein muß? Wir brauchen in der Bildungs- und Kulturpolitik eine Rückbesinnung auf die Grundwerte der Gesellschaft. Gerade junge Menschen müssen etwas erfahren über die Bedeutung von Freiheit, Gleichheit und Brüderlichkeit, auf denen das friedliche Zusammenleben der Menschen aufbaut.

Im Frühjahr 1993 habe ich in Wittenberg an einem Symposium teilgenommen, bei dem Professor Hans Küng seine Thesen zum Weltethos vorgestellt hat. Außer ihm und mir waren Andrzej Sczypiorski, Erhard Eppler, Marion Gräfin Dönhoff und Rita Süssmuth Teilnehmer der Podiumsdiskussion. Eppler sagte sinngemäß, das Fazit seines politischen Lebens sei der Zynismus. Hans Küng hat ihm ebenso widersprochen wie Andrzej Sczypiorski und ich. Zynismus kann nicht die Antwort sein, auch wenn man ein Weltethos für nicht erreichbar hält. Weltethos soll ja nicht heißen, daß mit seiner Verwirklichung eine versöhnte Gesellschaft ohne jede Probleme entstünde, aber bedeuten, daß ein demokratisch legitimierter Menschenrechtsuniversalismus durchsetzbar ist und verwirklicht werden kann. Dafür gibt es begründete Hoffnung, denn es ist ja nicht alles schlechter geworden auf der Welt, sondern auch vieles besser. Es gibt heute zum Beispiel wesentlich mehr demokratisch regierte Länder als noch vor 20 Jahren. Ein Weltethos ist möglich, wenn dem kollektiven Egoismus des Nationalismus eine Absage erteilt wird, was auch bedeutet, daß von Egoismus jeder Art und Entsolidarisierung Abschied genommen werden muß.

Richard von Weizsäcker hat am 2. Dezember 1993 in einer außenpolitischen Grundsatzrede die Frage der Menschenrechte auf der Welt aufgegriffen und gesagt: »Noch bleibt ihre Universalität umstritten. Manchen gelten die Menschenrechte als Ausfluß eurozentrischen Denkens. Unterschiede der Kulturen, der Lebensweisen von Mensch und Gesellschaft machen sich in verstärktem Maße bemerkbar. Hinzu tritt eine eher wachsende Distanz in einer wirtschaftlichen liberalen Demokratie mit ihrem individuellen Menschenbild und Erziehungssystem. Es ist ganz unvermeidlich, daß solche Unterschiede deutlicher ins Blickfeld rücken, wenn die Auseinandersetzung mit globalen Problemen wächst. Doch sollten wir dies nur als eine verstärkte Herausforderung an uns verstehen. Wir haben Grund, an die Kraft zu einer Veränderung im Verständnis und in der Kooperation der Weltregionen zu glauben und zunächst an einem Wandel des westlichen Denkens und Handelns in Richtung auf eine Erdpolitik zu arbeiten.«

Man kann Richard von Weizsäcker nur zustimmen, zumal wenn man sich die ökologische Situation auf dem Planeten Erde vor Augen führt. Denn zum erstenmal in der Milliarden Jahre während Geschichte des Lebens hat eine Spezies, nämlich der Mensch, die Möglichkeit, das ganze Leben auf der Welt zu vernichten. Wie Parasiten können wir den Wirt, auf dem und von dem wir leben, zerstören, aber im Gegensatz zu anderen Parasiten haben wir nicht die Möglichkeit, unsere Kinder auf einen anderen Wirt zu schicken, wenn der jetzige stirbt. Die Revolutionäre von Leipzig und Dresden haben gerufen: »Wir sind das Volk.« Den späteren Ruf »Wir sind ein Volk« hat die CDU als Wahlslogan übernommen. Beide Aussagen sind richtig und wichtig, aber noch wichtiger ist die Berücksichtigung einer Erkenntnis, von der abhängt, ob uns unsere Kinder eines Tages loben oder verfluchen werden, nämlich die Erkenntnis, daß wir *eine* Welt sind. Das ist die eigentliche Utopie, die verwirklicht werden muß. Sie kann realisiert werden ohne Terror und ohne Totalitarismus, wenn diese Weltordnung moralisch legitimiert wird durch die Achtung der Menschenwürde und der Grundwerte der Freiheit, der Gleichheit und der Brüderlichkeit.

Jens Reich
Wie mörderisch ist Utopie?

Terror im Namen der »guten« Sache

Mit einer Erinnerung an Rußland will ich beginnen, an die Geburtstagsfeier 1974 bei unseren Freunden, den Pevzovs. Anja, im mittleren Alter, ist mit uns bekannt geworden, weil sie im Gästehaus der Akademie, in dem wir wohnen, Reinigungskraft ist.

Es wird ein richtiger russischer Geburtstag in der überheizten Wohnung, von erdrückender Herzlichkeit, anstrengend, denn der ganze Mensch wird gefordert. Es wird ein Reigen getanzt, bei dem jeder, ob jung oder alt, mitmachen kann, denn die Tanzschritte sind so, daß der spezifische Charme jeder Altersklasse zum Ausdruck kommt – die Jungen springen und tanzen komplizierte Figuren, die Älteren bewegen sich gesetzter, ihre Würde paßt ebenso zum Tanz. Dazu müssen kleine Gedichte improvisiert gesungen werden, Schnaderhüpferln ähnlich: Jeder dichtet etwas zusammen, und freundlicher Beifall begleitet das Ergebnis.

Mir ist der Geburtstag aus einem bestimmten Grunde eingefallen: Die Gesellschaft war so eigentümlich zusammengefügt. Alle anwesenden Verwandten waren Frauen, die Männer waren nur eingeheiratet oder eingeladene Freunde. Die Kernfamilie, die den Geburtstag beging, schien streng matriarchalisch zu sein, wie in alten Zeiten, wie noch heute in manchen urtümlichen Gesellschaften. Hier hatte es allerdings eine andere Bewandtnis.

Wir »philosophierten«, wie das die Russen nennen. Das heißt, wir tranken Tee und Wodka und beredeten die Welt, das Jahrhundert, Rußland und Deutschland, das Leben. Und da erfuhr ich den spezifisch sowjetischen Grund für diese weibliche Großfamilie: Alle Frauen stammten aus dem gleichen Dörfchen, tief im Lande, im Waldai-Gebirge, aus dem sie alle aufgebrochen waren in die Städte, weil das Land sie nicht mehr ernährte. Nur Kolja und Kostja, Handwerker und Arbeiter, die aus einer anderen Gegend stammten, fuhren einmal im Jahr ins verlassene Dorf ihrer Ehefrauen, um »den Bären Mischka zu überlisten«, nämlich bei den Bienenstöcken im Wald Honig zu ernten. Die weibliche Großfamilie aber war entstanden, weil eines Tages im Jahre 1937 vier große Lastwagen aus der Gebietshauptstadt vorgefahren waren und Agenten des NKWD alle Männer des abgelegenen Dorfes abgeholt hatten: Väter, Großväter, Brüder, Cousins, Söhne und Neffen aller der Frauen aus vier Generationen, die Jahrzehnte später immer noch zusammenhielten. Die Frauen wurden unter Drohungen zum Schweigen aufgefordert, ein Grund für die Verhaftungen wurde nicht genannt. Sie haben niemals wieder etwas vom Verbleib ihrer Männer und Jungen gehört, nie wieder, auch nicht nach Chruschtschows Öffnung 1956, auch später nicht. Kein Brief, keine Todesnachricht, keinen letzten Gruß. Kriegsopfer eines unerklärten Krieges gegen das eigene Volk, begangen von Menschen, die im Namen der lichten sozialistischen Zukunft zu handeln sich einredeten. Opfer eines Terrors, der noch 35 Jahre später die betroffenen Frauen zu verlegen ausweichenden Äußerungen veranlaßte, immer noch als unterbewußte Angst davor wirksam war, daß solche Dinge dem Ausländer, auch dem Freund, eigentlich nicht erzählt werden durften. Solche Scheu hat dazu geführt, daß es heute nur spärliche historische Belege für den Holocaust der dreißiger Jahre gibt. In dem speziellen Fall, den ich erzähle, kann man vermuten, daß die Verhaftung einfach zur Planerfüllung erfolgte. Aus dem berühmten Smolensker Parteiarchiv, das 1941 beim schnellen Bewegungskrieg den Deutschen in die Hände fiel und sich heute im Archiv der Harvard-Universität in den USA befindet, kennen wir telegrafische Anforderungen aus Moskau und periphere Erfüllungsberichte etwa des Inhalts: »Weitere 10 000 Volksfeinde planmäßig unschädlich gemacht!« Terror als Massenproduktion!

Erlebnisberichte dieser Art habe ich in Rußland viele Male gehört. Sie sind der Grund dafür, daß ich das Thema Terror und Utopie nicht abstrakt abhandeln kann wie ein historisches Seminar. Daß mir stets Erlebnisse dazu einfallen, daß ich an den Terror der frühen Jahre nach 1945 denken muß, als auch mein Großvater nach einer Denunziation abgeholt wurde und auf Nimmerwiedersehen in Sibirien verschwand. Ein anderer Kriegsgefangener, der ihn überlebte und 1953 nach

Hause kam, hat uns wenigstens Todestag und Sterbeort weit im Osten
genannt, wo mein eigener Großvater im Lager elend verendet ist.

Für meine Erinnerung ist dies der Topos Terror: Ein Dorf, in dem
alle Männer über Nacht für immer verschwanden, in dem die über-
lebenden Frauen noch heute sprachgehemmt sind, keine Erklärung,
keine Theorie, keine Tatsachen kennen. Wortloser Schrecken.

Auf die Frage: »Wie mörderisch ist Utopie?« fällt mir als erstes der
Bauernkrieg ein, den die Bolschewiki mit Stalin als Führer in den Jahren 1929 bis 1933 geführt haben. Ich habe noch in den siebziger Jahren
in zahlreichen bekümmerten Berichten älterer Menschen davon gehört. Ich will dazu einiges aus zeitgenössischen Quellen vortragen. Alle
Zitate sind dem 12. Kapitel der Monographie *Ernte des Todes* von Robert Conquest entnommen (München 1988. Es wird die sehr holprige
Übersetzung zitiert).

Zum Hintergrund: Die Partei hatte 1929 beschlossen, ein für alle-
mal den Sozialismus auf dem Dorf durchzusetzen und alle Bauern in
die kollektive Wirtschaft zu zwingen. Das Motiv dafür war eine theoretisch fundierte Utopie, nämlich, daß mit Herstellung der sozialen
Gleichheit, gemeinsamen Besitzes und industrieller Methoden der
Landwirtschaft die neue Zeit anbrechen und der neue Mensch erzogen
werden sollte. Privateigentum an Boden erzeugt tausendmal neuen Kapitalismus, wir müssen das Übel mit der Wurzel ausrotten, so lautete
die Lehre. Es wurden Parteibrigaden aus den Städten aufs Land geschickt, die die Bauern von den Vorteilen der Kolchoswirtschaft zu
überzeugen hatten. Gleichzeitig wurde alles Getreide für die Versorgung der Bevölkerung requiriert. Die Pläne waren so hoch angesetzt,
daß praktisch alles Eßbare beschlagnahmt werden mußte, einschließlich des Saatgutes. Die Bauern leisteten hartnäckigen Widerstand,
versteckten ihr Getreide, schlachteten das Vieh, um es nicht an den
Kolchos zu verlieren.

Nun heißt es bei Conquest: »Zu diesem Zeitpunkt waren auf unterer
Ebene die einfachen Aktivisten-›Brigaden‹, in der Ukraine ›Buksyr-Bri-
gaden‹ (Schlepp-Brigaden) genannt, kaum mehr als Schlägerbanden.
Ihre Technik bestand darin, die Menschen zu verprügeln und speziell
ausgegebene Werkzeuge zu benützen, Stahlruten zum Beispiel, etwa
anderthalb Zentimeter dick und zwischen einem und drei Metern lang,
mit einem Griff am Ende und einer Spitze am anderen, oder eine Art

Bohrer, ausgestattet, um nach Getreide zu suchen. Die Beschreibung eines Dorfbewohners gilt allgemein für solche Fälle: ›Diese Brigaden bestanden aus den folgenden Personen: ein Mitglied des Präsidiums oder einfach irgendein Mitglied des Dorf-Sowjets, zwei oder drei Komsomolzen, ein ›Kommunist‹ und der örtliche Lehrer. Manchmal wurde der Leiter oder ein anderes Mitglied der Kooperativ-Verwaltung beigezogen sowie, während der Sommerferien, mehrere Studenten. Jede Brigade hatte einen sogenannten Spezialisten für die Suche nach Getreide. Er war mit einer langen eisernen Brechstange ausgerüstet, mit der er nach verborgenem Getreide stocherte. Die Brigade ging von Haus zu Haus. Zuerst betraten sie die Häuser und fragten: ›Wieviel Getreide habt ihr für die Regierung?‹ ›Ich habe keines. Wenn ihr mir nicht glaubt, sucht doch selber‹, war die übliche lakonische Antwort. Und so begann die ›Suche‹. Sie durchsuchten das Haus, den Dachboden, den Schuppen, Speisekammer und Keller. Dann gingen sie hinaus und suchten in der Scheune, im Schweinekoben, in der Getreidekammer und im Strohhaufen. Sie maßen den Ofen und kalkulierten, ob er groß genug sei, um verborgenes Getreide hinter der Ziegelfassade zu haben. Sie brachen Balken im Dachboden auf, stampften auf dem Boden des Hauses herum, trampelten den ganzen Hof und Garten ab. Wenn sie eine verdächtig aussehende Stelle fanden, ging das Brecheisen hinein. Im Jahre 1931 gab es immer noch einige Fälle von verborgenem Getreide, das entdeckt wurde, zumeist etwa 100 Pfund, manchmal 200. Im Jahre 1932 jedoch gab es nichts mehr. Das Äußerste, was allenfalls noch gefunden wurde, waren etwa zehn bis zwanzig Pfund, die als Hühnerfutter verwahrt wurden. Selbst dieser ›Überfluß‹ wurde noch mitgenommen.‹«

Ein Aktivist erzählte dem Physiker Alexander Weissberg: »Der Kampf gegen die Kulaken war eine sehr schwierige Periode. Bei zwei Gelegenheiten wurde in den Dörfern auf mich geschossen, und einmal wurde ich verwundet. Ich werde 1932 nie vergessen, solange ich lebe. Die Bauern lagen hilflos in ihren Hütten mit angeschwollenen Gliedern. Jeden Tag wurden neue Leichen hinausgetragen. Und dennoch mußten wir irgendwie Brot aus den Dörfern herauskriegen und den Plan erfüllen. Ich hatte einen Freund dabei. Seine Nerven waren nicht stark genug, um es durchzustehen. ›Petja‹, sagte er eines Tages, ›wenn dies das Ergebnis von Stalins Politik ist – kann sie denn richtig sein?‹ Da hab ich's ihm gegeben, heiß und stark, und am nächsten Tag kam er zu mir und entschuldigte sich...«

Denn sogar hier waren einige noch schlimmer als die anderen. In einem ukrainischen Dorf beschreibt ein Aktivist die Operationen: »In manchen Fällen waren sie gnädig und hinterließen etwas Kartoffeln, Mais, Erbsen zur Ernährung der Familie. Aber die Strikteren machten einen vollständigen Kehraus. Sie nahmen nicht nur Lebensmittel und Vieh mit, sondern auch ›alle Wertsachen und überflüssige Kleidung‹, einschließlich Ikonen in ihren Rahmen, Samoware, bemalte Teppiche und sogar metallene Küchengeräte, von denen sie annahmen, daß sie aus Silber bestehen könnten, außerdem alles Geld, das sie in Verstekken entdeckten.«

Die Agenten der Partei mußten nicht hungern. Es gab sogar Festessen. Eine Speisehalle für Parteifunktionäre in Pehryschtscha wird folgendermaßen beschrieben: »Sie wurde Tag und Nacht von Miliz bewacht, die die verhungernden Bauern und deren Kinder vom Restaurant fernhielt... Im Speisesaal wurden Weißbrot, Fleisch, Geflügel, eingemachte Früchte und Leckereien, Wein und Süßigkeiten den Bezirksbossen zu ganz niedrigen Preisen serviert. Zur selben Zeit wurden an die Angestellten der Speisehalle die sogenannten Mikojan-Rationen ausgegeben, die 20 verschiedene Arten von Lebensmitteln enthielten. Um diese Oase herum wüteten Hungersnot und Tod.«

Das Ergebnis der Kapagne war eine furchtbare Hungersnot, die jedoch den brutalen Feldzug keineswegs beendete.

Lew Kopelew berichtet (und beschreibt dabei die ideologisch-utopischen Motive für sein Handeln): »Ich hörte die Kinder... würgen, vor Schreien husten. Und ich sah die Männer: verängstigt, bittend, haßerfüllt, stumpf passiv, ausgelöscht vor Verzweiflung oder aufflammend mit halbwahnsinniger, kühner Wildheit. ›Nehmt es. Nehmt alles weg. Da steht noch ein Topf Borschtsch auf dem Herd. Er ist einfach, ohne Fleisch. Aber er hat immer noch Rote Bete, Kartoffeln und Kohl. Und gesalzen ist er auch! Nimm ihn lieber mit, Genosse Bürger! Hier, bleib da. Ich zieh meine Schuhe aus. Sie sind geflickt und wieder geflickt, aber vielleicht sind sie von Nutzen für das Proletariat, für die Sowjetmacht.‹ Es war herzzerreißend, das alles zu sehen und zu hören. Und noch schlimmer, daran beteiligt zu sein... Und ich überredete mich, erklärte mir: Ich durfte nicht schwächlichem Mitleid nachgeben. Wir verwirklichten die historische Notwendigkeit. Wir erfüllten unsere revolutionäre Pflicht. Wir beschafften Getreide für das sozialistische Vaterland. Für den Fünfjahresplan.«

An anderer Stelle schreibt Kopelev: »Mit dem Rest meiner Generation glaubte ich fest daran, daß der Zweck die Mittel rechtfertige. Unser großes Ziel war der universale Triumph des Kommunismus, und für dieses Ziel war alles erlaubt – lügen, stehlen, Hunderttausende und sogar Millionen Menschen zu vernichten, alle jene, die unsere Arbeit behinderten oder behindern könnten, jeden, der im Wege stand. Und zu zögern oder gar über alles in Zweifel zu geraten, hieß, sich ›intellektueller Zimperlichkeit‹ und ›stupidem Liberalismus‹ hinzugeben, der Eigenschaft von Leuten, die ›den Wald vor lauter Bäumen nicht sehen konnten‹. So hatte ich räsoniert, und jeder wie ich, sogar ... als ich sah, was ›totale Kollektivierung‹ bedeutete – wie sie ›kulakisierten‹ und ›entkulakisierten‹, wie sie die Bauern im Winter 1932/33 gnadenlos ausraubten. Ich nahm selber daran teil, durchkämmte die Landgebiete, prüfte die Erde mit einem eisernen Stock nach lockeren Stellen, die zu verstecktem Getreide führen mochten. Mit den anderen leerte ich die Truhen der alten Leute, verstopfte mein Ohr vor dem Schreien der Kinder und dem Jammern der Frauen. Denn ich war davon überzeugt, daß ich die große und notwendige Transformation der Landgebiete vollzog, daß in den kommenden Tagen die Menschen, die dort lebten, deshalb besser dran sein würden, daß ihr Kummer und ihre Leiden die Folge ihrer eigenen Unwissenheit seien oder der Machenschaften des Klassenfeindes; daß jene, die mich aussandten – und ich selbst – besser als die Bauern wüßten, wie sie leben müßten, was sie aussäen und wann sie pflügen sollten. In dem schrecklichen Frühjahr 1933 sah ich Menschen Hungers sterben. Ich sah Frauen und Kinder mit aufgedunsenen Bäuchen, sah sie blau werden, noch atmend, aber mit leeren, leblosen Augen. Und Leichen – Leichen in abgerissenen Schafspelzen und billigen Filzstiefeln, Leichen in Bauernhütten, im schmelzenden Schnee der alten Wologda, unter den Brücken von Charkow ... Ich sah dies alles und wurde weder verrückt noch beging ich Selbstmord. Und ich verfluchte jene nicht, die mich ausschickten, den Bauern das Getreide im Winter wegzunehmen oder im Frühling die kaum gehfähigen, skelettdünnen oder aufgeschwollenen Menschen zu bewegen, daß sie auf das Feld gingen, um ›den bolschewikischen Aussaat-Plan im Stil von Schockarbeitern zu erfüllen‹. Nie verlor ich meinen Glauben. Wie vorher glaubte ich, weil ich glauben wollte.«

Wie Nikolai Bucharin vorausgesehen hatte, führte dies zu einer »Enthumanisierung« der Partei, für deren Mitglieder »Terror fortan

eine normale Methode der Administration war, und Gehorsam gegenüber jedem Befehl von oben eine hohe Tugend«.

Lenins Sicht einer früheren Hungersnot – der von 1891/92 an der
Wolga, wo er damals lebte – mag als Hinweis für die Haltung einer
ganzen Partei gegenüber einzelnem oder massenhaftem Tod und Leiden gegenüber den Ansprüchen der Revolution dienen. Während alle
Klassen, einschließlich der liberalen Intelligenzija, sich auf Hilfstätig-
keiten warfen, steigerte Lenin sich mit der Begründung, daß die Hungersnot die Massen radikalisieren würde, und kommentierte: »Psycho-
logisch ist dies Gerede vom Ernähren der Verhungernden nichts als der
Ausdruck der saccharinsüßen Sentimentalität, die so charakteristisch
für unsere Intelligenzija ist.«

Während die Brigaden der Schläger und der Idealisten ihre Häuser
und Höfe in den späteren Monaten des Jahres 1932 nach Getreide
durchforschten, versuchten die Bauern, etwas Eßbares zu retten. Korn
wurde im Stroh »versteckt«, indem man Getreide nur unvollständig
ausdrosch. Ein Bauer beschreibt einige andere Methoden, wie man
eine geringe Menge Getreide verbergen konnte – beispielsweise in Fla-
schen, die mit Teer versiegelt und in Brunnen oder Teichen versenkt
wurden.

Falls ein Bauer Getreide in eine der verstaatlichten Mühlen brachte,
wurde es sofort beschlagnahmt. Deshalb konstruierten die Menschen
»Handmühlen«. Wenn diese gefunden wurden, wurden der Konstruk-
teur und der Benutzer verhaftet. Auch als »häusliche Mühlsteine« bezeichnet, werden sie von der ukrainischen Parteipresse als zu Hun-
derten entdeckt erwähnt – 200 in einem Bezirk, 755 im Laufe eines
Monats in einem anderen. Mit solchen oder ohne solche Hilfsmittel
wurde außergewöhnliches »Brot« hergestellt – beispielsweise Sonnen-
blumenölkuchen, mit Wasser getränkt und mit Hirse- oder Buchwei-
zenspreu und etwas Roggenmehl versetzt, um den Teig zusammenzu-
halten. Ein sowjetischer Romanautor überliefert, wie ein Bauer ein
Fäßchen zerhackt, das einst Fett enthalten hatte, und es auskochte, um
Rückstände aus dem Holz herauszuholen. Da hatte die Familie das
beste Essen, an das sie sich erinnern konnte. Ein anderer berichtet, wie
»Babki«, ein Spiel mit Rinderknochen, das seit unvordenklicher Zeit
von Kindern gespielt wird, ausstarb, weil alte Knochen »in Kesseln
gedämpft, gemahlen und gegessen« wurden. Wieder ein anderer erzählt von einem Dorf, wo das »Vieh aus Futtermangel starb, Menschen

Brot aus Nesseln aßen, Kekse, die aus Unkraut hergestellt wurden, Grütze aus einem anderen«. Pferdedung wurde gegessen, teilweise deshalb, weil er oftmals ganze Weizenkörner enthielt. Im frühen Winter wurden alle übriggebliebenen Hühner und alles andere Vieh aufgegessen. Danach kamen die Hunde dran und später die Katzen. »Es war schwer, sie einzufangen. Die Tiere hatten Angst vor den Menschen bekommen, und ihre Augen waren wild ... Alles, was sie erhielten, waren zähe Adern und Muskeln. Und aus ihren Köpfen machten sie ein Fleisch-Aspik.«

In einem Dorf wurden Eicheln unter dem Schnee gesammelt und als Brot verbacken, manchmal mit etwas Kleie oder Kartoffelschalen. Ein Parteifunktionär sagte dem Dorf-Sowjet: »Schaut euch die Schmarotzer an! Sie gehen und graben im Schnee mit nackten Händen nach Eicheln – die tun alles, nur um nicht arbeiten zu müssen!«

Sogar noch im November 1932 werden in der Ukraine Fälle von Bauern-Aufständen und der zeitweiligen Auflösung von Kolchosen erwähnt. Der Großvater von Leonid Pljuschtsch sah in einem Dorf einen Leichenberg und erfuhr von seinem Vorgesetzten: »Das war eine Kulaken-Demonstration.« Die Bauern wurden zu erbitterten Revolten getrieben, weil genug Getreide vorhanden war, um sie zu ernähren, oftmals nur Meilen von dem Ort entfernt, in dem sie Hungers starben.

Milch wurde zu Butter verarbeitet, in Fabriken, die nicht weit von den betroffenen Dörfern lagen. Nur Amtsträgern wurde der Eintritt gestattet. Jemand berichtet, wie ein finster gelaunter Direktor ihm Butter zeigte, die in Stücke geschnitten und in Papier mit dem Aufdruck »USSR butter for export« verpackt wurde.

Getreide wurde im Freien aufgehäuft und zum Verrotten liegengelassen. Große Getreidehaufen lagen beim Bahnhof Reschetiliwka in der Provinz Poltawa; sie begannen zu verfaulen, aber sie wurden immer noch von Geheimdienstleuten bewacht. Vom Zug aus sah ein amerikanischer Korrespondent »riesige Getreidepyramiden, hoch aufgeschüttet und rauchend von Selbstentzündung«. Auch Kartoffeln wurden oft aufgehäuft, nur um zu verrotten. Mehrere tausend Tonnen verrotteten in einem Feld im Bereich von Lubotino, umgeben von Stacheldraht, und wurden daraufhin vom Kartoffel-»Kastell« auf das Alkohol-»Kastell« umgelagert. Dort blieben sie mitten auf dem Felde liegen, bis sie auch dazu nicht mehr zu verwenden waren.

Solche Vorgänge wurden gewöhnlich in amtliche Berichte aufgenommen, um zu beweisen, daß die Ernte nicht nur in der Steppe, sondern auch in den Getreidesilos und Lagerhäusern »sabotiert« werde. Ein Buchhalter in der Verwaltung eines Getreidesilos wurde zum Tode verurteilt, weil er Arbeiter mit Mehl entlohnt hatte. Die Vollstreckung wurde aufgeschoben, und nach zwei Monaten wurde er völlig ausgehungert entlassen. Er starb am Tage danach.

Es gibt viele Berichte über Unruhen und Plünderungen von Getreidespeichern oder Kartoffelmieten in Destillierfabriken. Im Dorf Pustowariwka wurde der Parteisekretär getötet und die Kartoffeln wurden geplündert. Daraufhin wurden von den Behörden etwa 100 Bauern erschossen. In Chmeliw stürmte ein »Frauen-Aufstand« den Getreidespeicher; drei Frauen wurden später verurteilt. Ein Zeuge dieser Vorgänge bemerkt: »Es geschah zu einer Zeit, als die Menschen hungrig waren, aber noch Kraft hatten.«

Den ganzen Winter über starben Menschen. Aber alle Berichte stellen klar, daß das furchtbarste Sterben im frühen März 1933 einsetzte. »Als der Schnee zu schmelzen begann, setzte wirkliche Hungersnot ein. Menschen hatten geschwollene Gesichter, Beine und Bäuche. Sie konnten den Urin nicht mehr halten... Und nun aßen sie einfach alles. Sie fingen Mäuse, Ratten, Spatzen, Ameisen und Regenwürmer. Sie mahlten Knochen zu Mehl und machten dasselbe mit Leder und mit Schuhsohlen; sie zerschnitten alte Häute und Pelze, um eine Art Nudeln herzustellen, und sie kochten Leim. Und als das Gras zu wachsen begann, fingen sie an, die Wurzeln auszugraben und die Blätter und Knospen zu essen; sie nutzten alles, was es gab: Löwenzahn und Klette und Glockenblumen und Weidenwurzeln und Sedum und Nesseln...«

Linden, Akazien, Sauerampfer und Nesseln enthalten kaum Protein. Deshalb wurden Schnecken gekocht und der Kochsaft getrunken, während das knorpelige Fleisch feingehackt, mit grünen Blättern vermischt, »gegessen oder vielmehr heruntergewürgt« wurde. Das half gegen Ödeme und sicherte das Überleben.

In den südlichen Gegenden der Ukraine und im Kuban-Gebiet konnte man durch den Fang von Murmeltieren und anderem Kleinwild überleben. In anderen Gegenden wurde heimlich gefischt, was streng verboten war und bestraft wurde.

Die Abfälle einer Schnapsdestillerie in Melnyky wurden als ungeeignet für das Vieh verworfen und dennoch von Bauern verzehrt.

Von einer ukrainischen Dorfschule berichtet der Lehrer, daß neben einer Pseudo-Borschtsch aus Nesseln, Rübenspitzen, Sauerampfer und Salz (soweit vorhanden) die Kinder schließlich auch einmal einen Löffel Bohnen bekamen – ausgenommen die Kinder von »Kulaken«.

Als das Unkraut in einem Dorf in der Provinz Winnyzija im April aufsproß, so erinnert sich ein Agronom, begannen die Bauern, »gekochten Orrach, Sauerampfer und Nesseln zu essen... Aber nachdem sie solche Wildpflanzen gegessen hatten, erkrankten die Menschen an Wassersucht und verhungerten in großer Zahl. In der zweiten Maihälfte war die Todesrate so hoch, daß ein Kolchoswagen dafür bereitgestellt wurde, die Toten jeden Tag zum Friedhof zu bringen.« Die Leichen wurden dann ohne weitere Zeremonie in ein gemeinsames Grab geworfen.

Alles kam zum Stillstand. »In der Schule nahmen die höheren Klassen bis zum Frühjahr am Unterricht teil. Aber die unteren Klassen kamen schon im Winter nicht mehr. Und im Frühling wurde die Schule geschlossen. Der Lehrer ging in die Stadt. Und der ärztliche Helfer ging auch weg. Er hatte nichts zu essen. Und überhaupt kann man Hungersnot nicht mit Medizin kurieren. Und alle die verschiedenen Repräsentanten hörten auf, aus der Stadt aufs Land zu kommen. Warum sollten sie kommen? Man konnte von den Verhungernden nichts mehr kriegen... Als die Dinge einmal soweit gediehen waren, daß der Staat nichts mehr aus einem Menschen herauspressen konnte, wurde dieser nutzlos. Warum ihn etwas lehren? Wozu ihn heilen?«

Die Menschen machten sich in Scharen auf den Weg. »Jetzt aber verließen viele derjenigen, die sich noch bewegen konnten, getrieben von Verzweiflung, ihr Dorf. Wenn sie die Städte nicht erreichen konnten, lungerten sie um die Bahnhöfe herum.

Diese kleinen ukrainischen Bahnhöfe hatten üblicherweise kleine Obstgärten. In diese brachten Eisenbahnarbeiter, selber vor Hunger wankend, die Leichen der Toten. Außerhalb von Poltawa gab es einen Eisenbahn-Signalmast, neben dem man die neben den Schienen gefundenen Leichen sammelte, um sie in ausgeschaufelten tiefen Gräben zu versenken. Wenn den Bauern die Kraft fehlte, die Bahnhöfe zu erreichen, oder wenn sie daran gehindert wurden, gingen sie an die Eisenbahnschienen und bettelten an den fahrenden Zügen um Brot; manchmal wurden ihnen ein paar Brotrinden hinausgeworfen. Später reichten nicht einmal dafür die Kräfte.«

In Kiew gab es Schlangen vor den Läden, die einen halben Kilometer lang waren. Diese Menschen konnten kaum stehen. Jeder hielt sich am Gürtel des vor ihm Stehenden fest. Jeder bekam 200 bis 400 Gramm Brot, wobei die letzten paar hundert Personen nichts bekamen, außer Billetts oder Kreide-Nummern auf die Hand, die sie am nächsten Tag vorzeigen konnten.«

Ich will von einer Begegnung erzählen, die Anfang der siebziger Jahre in Rußland stattgefunden hat. Ich war bei einem Kollegen zu Gast, einem skurrilen Mathematiker, der sich mit Biophysik beschäftigte, aber nebenher noch mit tausend anderen Dingen, die mit Maß und Zahl zu tun haben. Wir fachsimpelten ohne Aufsicht des Abteilungsleiters, und er zeigte mir neben anderen Studien auf dem Computer-Bildschirm mathematische Modelle von demographischen Kurven verschiedener Epochen und Länder, Bevölkerungsstatistiken, bei denen der Statistiker ein Kurvenmodell durch die Volkszählungsdaten legt und Wachstumsparameter berechnet.

Er zeigte mir auch die Daten der sowjetischen Volkszählungen. Sie zeigten zwischen 1926 und 1937 einen Sprung. Der Mathematiker bezeichnet das als Unstetigkeitsstelle. Die Kurve ließ sich nur dadurch glatt modellieren, daß man zu einem gewissen Zeitpunkt zwischen den beiden Jahren etwa 16 Millionen Einwohner verschwinden ließ. Als ich ihn verblüfft fragte, wo diese Millionen in der Realität geblieben waren, legte er den Finger auf den Mund und sah auf die Wand – Rücksicht auf die allgegenwärtige Wanze.

Seit der Perestroika wird nicht mehr ernsthaft bestritten, was damals als Hetze galt und nur in vorsichtigen Andeutungen weitergegeben wurde. Die 16 Millionen sind die Todesopfer eines Genozids, eines Kriegs, den die Bolschewiki unter dem Diktator Stalin zwischen 1929 und 1933 am Volk der Ukraine, am Volk der Kasachen, an den Tataren und noch an anderen Völkern der UdSSR, die Russen eingeschlossen, begangen hatten. Der Genozid trägt die Überschrift »Kollektivierung der Landwirtschaft«, in etwas weniger unschuldiger Bezeichnung auch »Raskulatschewanje« (Entkulakisierung) genannt. Die Aktion geschah im Namen der Utopie einer lichten kommunistischen Zukunft. Die Totenliste umfaßt nach heutigen Schätzungen
– etwa 6.5 Millionen Opfer der Entkulakisierung (Vertreibung von

Haus und Hof, Wegnahme aller Güter, Deportation nach Sibirien oder in den hohen Norden, zum Teil Erschießungen, zum Teil Hunger- und Seuchenopfer),
- etwa 3.5 Millionen Opfer, verurteilte sogenannte Kulaken, die in den Lagern umkamen,
- etwa 1 Million Hunger- und Terroropfer bei der Kollektivierung in Kasachstan (den dortigen Nomaden wurden die Viehherden weggenommen, und sie wurden bei fehlenden Voraussetzungen und unter Vernichtung ihrer Traditionen zwangsangesiedelt),
- etwa 5 Millionen Menschen, die in der Ukraine 1932–1933 verhungerten (= 20 % der Bevölkerung),
- etwa 1 Million Hungeropfer im Nordkaukasus (russische Gebiete),
- etwa 1 Million Todesopfer in anderen Gegenden.

Hier verbergen sich die 16 Millionen Menschen, die mir als Sprung in der Kurve demonstriert wurden. Die Bevölkerungskurve kann man nicht belügen; sie zeigt die Wahrheit als Sprung, und kein statistisches Kunststück kann sie vertuschen. Zu Stalins Zeiten hat man versucht, sie zu der ebenfalls in die Millionen reichende Zahl der Opfer dazuzurechnen, die der 2. Weltkrieg in der Sowjetunion gefordert hat; aber eine genauere Jahrgangsanalyse kann jeden Schwindel aufdecken.

Ich möchte jetzt über den Begriff des politischen Terrors nachdenken und seine Beziehung zu Utopie erkennen. Terror ist massenhafte Gewaltanwendung, um politische Ziele durch Tötung und Einschüchterung zu erzwingen.

Es gibt rein politischen Terror, der Elemente von Ideologie zur Rechtfertigung einsetzt. Beispiele dafür aus der Geschichte: Iwan Grosny am Ende des 17. Jahrhunderts im Moskowiterstaat, Vernichtung der bojarischen Opposition, der Krieg in der Vendée 1793 oder das Regime Pinochet in Chile seit 1973.

Terror findet oft auch im Namen einer Religion oder Ideologie statt, entweder defensiv, reaktionär wie die Inquisition im 12.−15. Jahrhundert, die Waldenser- und Albigenserkriege im 13. Jahrhundert und die Religionskriege vor Henri IV., oder offensiv, erobernd, »fanatisch« wie die Hussitenkriege im 15. Jahrhundert, die Conquista in Mittel- und Südamerika im 16. Jahrhundert und die Wiedertäufer in Münster im 16. Jahrhundert.

Schließlich gibt es als »moderne« Form den Terror im Namen einer politischen Utopie. Eine solche Variante des philosophisch untermauerten Terrors hat bisher nur einmal gesiegt: in Rußland. Bei Maos Kulturrevolution will ich offenlassen, ob man sie noch einer politischen Utopie oder schon ihrer bürokratischen Entartung zuschreiben muß. Bei Hitlers Terrorapparat möchte ich den utopischen Gehalt bestreiten. Das Gerede Hitlers oder Rosenbergs kann ich nicht als »Utopie« anerkennen.

Die Kennzeichen politischer Utopien lassen sich in drei Schlagworten zusammenfassen:

– Ankündigung einer Endzeit, des »Jüngsten Gerichts«.
– Der Neue Mensch muß hergestellt, »gebildet«, werden.
– Ideal der Gleichheit aller (vor Gott, vor dem Gesetz usw.).

Moderne politische Utopien haben gemeinsame Kennzeichen:

– Sie sind Reißbrettentwürfe einer Gesellschaft, theoretisch fundiert (»wissenschaftlicher« Sozialismus) und technisch geplant.
– Intellektuelle, Berufsrevolutionäre, »Ingenieure der Seele« fungieren als Planer.
– Utopien werden mittels Manipulation von Massen»instinkten« in die Tat umgesetzt.

Das 20. Jahrhundert hat gezeigt, daß politische Utopien bei den vorhandenen modernen Methoden eine Tendenz haben, jeden Widerstand mit Terror zu brechen. Da die Durchsetzung einer Utopie Konflikte erzeugen *muß*, ist Terror eine immanente Gefahr moderner Utopien und nicht nur eine bedauernswerte Entgleisung einer guten Sache.

Das 20. Jahrhundert hat gezeigt, daß eine Veränderung der Gesellschaft nicht über den Weg der Veränderung des Grand Design möglich ist. Weder terroristisch noch bürokratisch-technokratisch. Die Menschen gehorchen in einem solchen Gesellschaftssystem formal, reagieren aber mit passiver Resistenz. Es hat sich gezeigt, daß eine utopische Diktatur durch passiven Widerstand auszuhebeln ist.

Reformen einer Gesellschaft sind nur auf evolutionärem Wege möglich, kontinuierlich aus dem Bestehenden hervorgehend. Sie gelingen nur, wenn das Bewußtsein reif ist. Die Einsicht in die Notwendigkeit fundamentaler Änderungen der Lebensweise oder der gesellschaftlichen Verfassung kann nur spontan entstehen. Bewußtsein läßt sich nicht mit psychologischen oder pädagogischen Methoden erzeugen.

Das bedeutet, daß die drohende ökologische Krise oder die weltweit drohende Überbevölkerungskrise nicht mit autoritären politischen Methoden zu beherrschen sein werden. Das bedeutet auch, daß wir schweren Krisen entgegengehen. Nur eine manifeste Krise wird einen hinreichenden Schock im Bewußtsein erzeugen, um eine prinzipielle Umstimmung der Bewußtseinslage zu erreichen.

Ich bin optimistisch, voller Hoffnung, daß diese Umkehr geschieht. Ich bin pessimistisch-ratlos, wenn ich die gegenwärtigen Verwicklungen und Ablenkungen analytisch betrachte. Das neue Jahrhundert wird ganz andere Krisen bringen als das alte.

Es ist Zeit für die kleinen Utopien, die bescheidenen, die unaufdringlichen. Meine Utopie ist, daß meine kleine Enkeltochter im Jahre 2030 noch auf einer Erde lebt, auf der Atmen möglich ist, ohne einen Hustenanfall auszulösen, auf der man im See baden kann, ohne einen Hautausschlag zu bekommen. Ich möchte, daß sie in einer Welt lebt, in der es nicht zu Panepidemien und Riesenhungersnöten kommt. Ich habe Furcht vor dem Bild des »Reichs und seiner Barbaren« (J.-C. Rufin), daß wir Industrieländer im Norden uns mit einer Mauer, einem Limes germanicus, gegen die Barbaren abschotten und nur noch defensiv für Jahre, Jahrzehnte, vielleicht ein Jahrhundert ihren »Ansturm« abwehren. Defensive bedeutet zwangsläufig auch die Intensivierung von Kernwaffenrüstung, um den Anschlag der »Barbaren« abzuwehren. Der Spätzustand des Römischen Reiches, im 21. Jahrhundert wiederholt, wäre das Ende der Menschheit.

Der Zusammenbruch des römischen Cäsarenreichs ging einher mit dem Aufstieg des Christentums, später des Islam. Werden wir neue Utopien, neue Fundamentalismen, neue Religionen erleben? Ich kann mir das einfach nicht vorstellen, aber das ist auch nicht verwunderlich. Ich bin ein Mensch, der in die Rationalität des 20. Jahrhunderts hineingewachsen ist. Meine Hirnwindungen sind anders geprägt.

So bleibt mir nur die utopische Hoffnung, daß die Genozide und Pogrome des 20. Jahrhunderts sich nicht wiederholen werden. Allein Aufklärung kann mithelfen, die Gefahr zu erkennen und ihr zu begegnen.

Wolfgang Kraushaar

Sonnenuntergang

Das Verhältnis europäischer Intellektueller zum
Kommunismus im Spiegel dreier Prozesse

»JULES   Der sowjetische Innenminister ist verschwunden.
PÉRIGORD Nekrassow? Ist er im Knast?
JULES   Noch viel komischer: Er soll die Freiheit gewählt haben.
PÉRIGORD Was weiß man denn?
JULES   Fast nichts, das ist ja das Blöde. Er war letzten Dienstag
    nicht in der Oper, und seitdem hat ihn niemand gesehen.
TAVERNIER Woher kommt die Nachricht?
JULES   Von Reuter und AFP.
TAVERNIER   Und TASS?
JULES   Kein Wort.
TAVERNIER Hm!«[1]

Der Wortwechsel entstammt einem Gespräch von zwei Redakteuren
der fiktiven Zeitung »Soir à Paris« mit ihrem Chefredakteur. Der Dialog kommt in der Szene eines Schauspiels vor, das sich um den Hochstapler Georges de Valéra dreht, der sich für den angeblich geflohenen
sowjetischen Minister Nekrassow ausgibt. Sein einziger Mitwisser ist
der Redakteur Sibilot. Dieser befürchtet, seine Stelle zu verlieren,
wenn er die Lügengeschichte nicht als Zugnummer einer antikommunistischen Kampagne benutzen kann.

In einer anderen Szene dieses Stücks, das in der Hochzeit des Kalten
Krieges spielt, versucht der Pseudo-Minister den Journalisten davon
zurückzuhalten, seine wahre Identität aufzudecken. Der Hochstapler
führt ihm vor Augen, welch außergewöhnliche internationale Resonanz die bisherige Presseberichterstattung über seine vermeintliche
Flucht aus Moskau hatte.

»GEORGES: Hier, lies dieses Telegramm! Es ist von McCarthy, der
mir ein Engagement als permanenter Belastungszeuge anbietet. Hier
die Glückwünsche von Franco, von der Fruit Company, ein herzli-
cher Gruß von Adenauer, ein handgeschriebener Brief von Senator
Borgeaud. In New York haben meine Enthüllungen die Börsenkurse
in die Höhe getrieben; überall erlebt die Rüstungsindustrie einen
Boom. Große Interessen sind im Spiel; Nekrassow, das bin nicht nur
ich: Das ist ein Begriff für die Dividenden, die die Aktionäre der
Rüstungsfabriken einstreichen. Das ist die Objektivität, mein Lieber, das ist die Realität!«[2]

Das Stück, aus dem diese beiden Sequenzen stammen, heißt *Nekrassow*, ist am 8. Juni 1955 in Paris uraufgeführt worden und stammt von
Jean-Paul Sartre. Es ist eine Farce, eine Satire auf die Presse. Es geht
Sartre darum, die Manipulation der öffentlichen Meinung durch eine
einflußreiche antikommunistische Zeitung darzustellen. Das Stück
wurde nach seiner Uraufführung vom Publikum beinahe ebenso vehe-
ment abgelehnt wie von der Kritik. Es war ein Mißerfolg, vielleicht der
größte in Sartres Karriere als Theaterautor. Ganz anders war dagegen
die Resonanz in einem anderen Land, in der DDR. Dort wurde *Nekrassow* nicht nur an vielen Bühnen aufgeführt, sondern auch im Fernsehen gezeigt.

Die Hauptfigur des Hochstaplers ist keineswegs reine Fiktion. Sie ist
einer Person abgewonnen, die heute kaum noch jemand kennt, die aber
auf dem Höhepunkt des Kalten Krieges für mehrere Wochen nicht nur
im Rampenlicht der französischen, sondern der gesamten internationalen Presse stand. Ihr Name wird von Sartre sogar an einer Stelle
genannt[3], ganz so, als wolle er über den wahren historischen Hintergrund seiner Satire keinen Zweifel aufkommen lassen. Das Thea-
terstück *Nekrassow* ist die Karikatur eines Prozesses.

Es ist evident, daß in Gerichtsverfahren weder Gerechtigkeit noch
historische Wahrheit als solche angestrebt werden. In jedem Prozeß
stehen sich zwei Parteien und damit unterschiedliche Interessen gegenüber. Und die Suche nach Recht, um die es dem Gericht geht, ist nicht
identisch mit der nach historischer Wahrheit. Jeder Prozeß unterliegt
ganz bestimmten juridischen Regeln, und kaum ein Urteil kann verbergen, daß hier mehr als bloß optische Brechungen zutage treten. Und
dennoch sind Prozesse mit ihren festgelegten Rollen und Ritualen Mo-
dellsituationen, an denen der Soziologe vieles über den Stand einer

Gesellschaft, der Politologe manches über den Stand eines politischen
Systems und der Historiker nicht weniges an Erkenntnissen über ge-
schichtliche Sachverhalte gewinnen kann.

Wenn es im folgenden um drei Prozesse geht, die ineinander verhakt
sind, dann dürfen sie nicht in einem unmittelbaren Sinne als Medium
historischer Erkenntnisse betrachtet werden, sondern als öffentliche
Inszenierungen, in denen sich etwas Spezifisches vom politischen Zeitgeist auf je eigene Weise verdichtet. Die Gerichte sind hier eher Bühnen, auf denen um die Durchsetzung von Interessen gerungen, denn
Orte, an denen die Historie aufgehellt wird.

Ich muß Sie dabei ganz um Ihre Aufmerksamkeit bitten für eine
ineinanderverschachtelte Geschichte. Auch wenn dabei ein Sprung um
mehr als vier Jahrzehnte zurück und in ein anderes Land gemacht wird,
so kann ich Ihnen doch versprechen, daß wir bis in die Gegenwart und
bis in diese Stadt [Frankfurt am Main, d. Red.] kommen, in der wir uns
befinden. Ja, mehr noch. Die Geschichte, um die es hierbei geht, ist in
einer bestimmten Hinsicht immer noch nicht zu Ende, ihr historischer
Glutkern ist noch nicht erkaltet.

I. *Der Prozeß Kravchenko gegen die kommunistische Zeitschrift*
»Les Lettres Françaises« 1949 in Paris

Wir schreiben den 4. April 1949. Vor der siebzehnten Strafkammer des
Départements Seine in Paris soll nach 25 Verhandlungstagen das Ur-
teil in einem Zivilverfahren gesprochen werden. Die beiden Redak-
teure der kommunistischen Wochenzeitschrift *Les Lettres françaises*,
André Wurmser und Claude Morgan, sind beschuldigt worden, den
Autor des antikommunistischen Bestsellers *I choose freedom*[4], Victor
Andrejevich Kravchenko, verleumdet zu haben.

In dem Prozeß, der unter den Augen der internationalen Presse stattfindet, geht es nur vordergründig um einen Schadenersatz in Höhe von
drei Millionen Francs, den der ehemalige Beamte bei der sowjetischen
Botschaft in Washington für die in einer monatelangen Kampagne von
der Zeitschrift verbreitete Behauptung fordert, er sei gar nicht Autor
des in den USA wie in Frankreich und zahlreichen anderen Ländern so
überaus erfolgreichen Buches. In Wirklichkeit verbirgt sich hinter der
Frage nach der Autorenschaft die nach dem Wahrheitsgehalt von *Ich*

wählte die Freiheit, genauer die nach dem Wahrheitsgehalt der Behauptung, es gebe in der Sowjetunion riesige Lager, in denen Millionen von Bürgern eingesperrt und mißhandelt würden. Für die zahlreichen Pariser Linksintellektuellen, die sich auf den Bänken des Gerichtssaales drücken, geht es letztlich um die Frage, welchen politischen Charakter die Sowjetunion hat, ob es das Land ist, das sich seit der Oktoberrevolution trotz aller Rückschläge auf dem Weg zum Kommunismus befindet oder ob es unter Stalin ein, wie von Kravchenko auf über 600 Seiten dargelegt, Terrorregime geworden ist, das die gesamte Gesellschaft im Griff hat.

Diese Frage hat innen- wie außenpolitische Brisanz. Denn unter Federführung der USA wird am selben Tag in Washington von zwölf westlichen Staaten ein Militärbündnis, die NATO, gegründet, und am 20. April soll in der französischen Hauptstadt der erste Weltfriedenskongreß stattfinden, auf dem die prominentesten Künstler, Schriftsteller und Wissenschaftler ihre Solidarität mit dem »Friedenslager« – und das soll heißen: der Sowjetunion und den anderen in ihrem Machtbereich befindlichen Staaten – unter Beweis stellen können.

Um den Beginn des Prozesses überhaupt zu ermöglichen, hatte Kravchenko an das Gericht eine Kaution in Höhe von zwei Millionen Francs zu entrichten. Der in den USA lebende, aus Sicherheitsgründen unter dem Decknamen »Paul Kedrin« nach Frankreich gereiste Autor ist das außerordentlich hohe finanzielle Risiko eingegangen, das im Falle einer Niederlage den Großteil seiner Tantiemen zunichte machen würde. Noch größer ist für ihn allerdings die Gefahr, verschleppt, ganz offiziell ausgeliefert oder auf irgendeine Weise umgebracht zu werden. Und in der Tat, kurz nach Beginn des Prozesses hat die Sowjetunion ein Ersuchen an die französische Regierung gestellt, den Mann, der in der internationalen Presse häufig als »Sowjetrußlands Staatsfeind Nr. 1« bezeichnet wird, zu überstellen. Kravchenko, so die Behauptung der Moskauer Regierung, habe sich während des Krieges zahlreicher Verbrechen schuldig gemacht. Doch die französische Regierung hat abgelehnt.

Der »Monster-Prozeß Kravchenko« (*Der Spiegel*), der auch von Angehörigen des diplomatischen Corps genau verfolgt wird, hat eine an Komplexitäten nicht gerade arme Vorgeschichte, die mehrere Jahre zurückreicht.

Der 1905 in Jekaterinoslaw als Sohn eines Eisenbahnarbeiters gebo-
rene Kravchenko, der in Charkow Technik studiert hat, seit 1934 Direktor verschiedener Fabriken in der Metallindustrie war und 1942
zum Chef der Abteilung Kriegsrüstung im Rat der Volksbeauftragten
aufstieg, geht als Beamter der sowjetischen Einkaufskommission am
19. August 1943 nach Washington. Hinter dieser eher harmlosen Bezeichnung verbirgt sich – auf dem Höhepunkt des Zweiten Weltkrieges und der amerikanischen Waren- bzw. Waffenlieferungen an die
UdSSR – eine überaus wichtige Funktion.

Am 1. April 1944 verläßt er seine Dienststelle, nicht ohne sich zuvor
sein Gehalt auszahlen zu lassen, reist nach New York und trifft sich
dort mit dem Journalisten Josef Chaplin und informiert ihn über die
Beweggründe seiner Flucht.

Drei Tage später, am 4. April, erscheint auf der Titelseite der *New
York Times* eine ausführliche Erklärung Kravchenkos. Darin bekundet
er, daß er jahrelang für seine Regierung gearbeitet habe, nun aber im
Interesse seines Volkes nicht mehr länger über deren Politik schweigen
könne. »Obwohl die Sowjetregierung darauf besteht, in den vom
Faschismus befreiten Ländern eine demokratische Ordnung einzufüh-
ren«, heißt es dort, »hat sie in ihrem eigenen Land bisher nichts getan,
um dem russischen Volk die elementaren Freiheiten zu garantieren.
Das russische Volk befindet sich nach wie vor im Zustand extremer
Unterdrückung und ist allen möglichen Grausamkeiten ausgesetzt,
während das NKWD die uneingeschränkte Macht über die Völker
Rußlands besitzt. In den von den Nazi-Okkupanten befreiten Ländern
errichtet die sowjetische Regierung ihr politisches Regime der Recht-
losigleit und der Gewalt; Gefängnisse und Lager bestehen weiter wie
bisher... Da mir die Methoden, die zur Bekämpfung politischer Gegner angewendet werden, bekannt sind, zweifle ich nicht, daß diese
Methoden – Verleumdung, Provokation und womöglich Schlimmeres
– jetzt gegen mich angewendet werden.«[5] Schließlich verkündet Kravchenko, er begebe sich »unter den Schutz der amerikanischen öffentlichen Meinung«.

Der Text stellt eine Sensation dar. Er löst heftige Reaktionen unter
den Lesern aus. Schließlich ist die Sowjetunion nicht nur der von Stalin
beherrschte Staat, sondern auch der Verbündete, mit dem die USA
hoffen, Nazi-Deutschland schlagen zu können. Ein Angebot des FBI,
Informationen über das NKWD preiszugeben und dann selbst in der

Auslandsabteilung eine Agententätigkeit wahrzunehmen, lehnt Kravchenko ab. Er habe nicht mit der Sowjetunion, die sich in der Gewalt der Geheimpolizei befinde, gebrochen, um selbst Geheimpolizist zu werden.

Nur einen Tag später erscheint in der kommunistischen Tageszeitung *Daily Worker* ein Artikel mit der Überschrift »Der Fall eines kleinen Deserteurs: Hier wendet sich Hitler an seine letzten Reserven«: »Solche Verräter, ob es sich um Trotzki oder um eine Null wie Kravchenko handelt«, heißt es darin offen drohend, »werden die Welt nicht lange täuschen können... Die wachsame Hand und die Rache der zum Fortschritt drängenden Menschheit werden sie früher oder später fassen und vertilgen.«[6]

In der Folgezeit arbeitet Kravchenko an einem geheimgehaltenen Ort daran, seine Erfahrungen mit dem Stalin-Regime zu Papier zu bringen. Er beendet das Manuskript am 11. Februar 1946 in New York und widmet es dem russischen Volk und dem Andenken der Millionen von Unschuldigen, die »im Kampfe gegen den Sowjetabsolutismus« ihr Leben ließen. Kurze Zeit später erscheint es unter dem Titel *I choose freedom* im Verlag Carl Scribner's Sons.

Nicht nur in den USA, auch in den westeuropäischen Ländern erregt das Buch, in dessen Mittelpunkt das stalinistische Lagersystem steht, großes Aufsehen.[7] In Frankreich, wo innerhalb kurzer Zeit 400 000 Exemplare abgesetzt werden können, wird der Band am 27. Juni 1947 mit dem angesehenen »Prix Saint-Beuve« ausgezeichnet. In dem Preisverleihungskomitee hatte es allerdings einen harten Kampf um die Auszeichnung gegeben. Manche seiner Mitglieder wollten sie mit Rücksicht auf die Kommunistische Partei Frankreichs (KPF) verhindern.

Die Tatsache, daß der Band unter Kritikern ebenso wie im Publikum Erfolg hat, läßt den der KPF nahestehenden Publizisten offenbar keine Ruhe. Am 13. November 1947 erscheint unter der Überschrift »Die Wahrheit über Kravchenko« in der kommunistischen Wochenzeitschrift *Les Lettres françaises* ein vermeintlicher Enthüllungsartikel, der mit »Sim Thomas« unterzeichnet ist. Darin wird die Behauptung aufgestellt, die Bekenntnisse Kravchenkos seien im Auftrag des US-Geheimdienstes »Office of Strategic Services« (OSS) verfaßt worden, und ihr angeblicher Autor habe kaum eine Zeile davon selbst geschrieben. Der Artikel ist der Startschuß zu einer regelrechten Presse-

kampagne gegen Kravchenko. Besonders hervor tut sich dabei André
Wurmser, ein Redakteur der *Lettres françaises*.

Als Kravchenko in den USA Kenntnis von diesen Angriffen erhält,
stellt er gegen die französische Zeitschrift Strafanzeige wegen Verleumdung und fordert Schadenersatz. Daraufhin erscheint in den *Lettres françaises* eine an die 40 Namen umfassende Liste von Personen
aus den USA und der Sowjetunion, die bereit seien, gegen den Autor
vor Gericht auszusagen. Doch der für den Juli 1948 in Paris angesetzte
Prozeß kommt nicht zustande. Der Hauptangeklagte »Sim Thomas«
ist trotz aller Bemühungen nicht aufzutreiben. In der Öffentlichkeit
werden erste Zweifel an seiner Existenz laut. An seiner Stelle sollen
nun André Wurmser und der Chefredakteur Claude Morgan auf die
Anklagebank. Morgan hatte *Les Lettres françaises* während der deutschen Besatzung zusammen mit Kampfgefährten der Résistance gegründet und zunächst heimlich herausgegeben. Der Prozeßbeginn
wird auf Januar verschoben.

Obwohl Kravchenko bereits angereist ist und in der Öffentlichkeit
große Erwartungen über den Verlauf des Verfahrens gehegt werden,
versuchen die Anwälte der Zeitschrift, den Prozeß mit der Begründung, die vom Ankläger zu stellende Kaution sei zu spät überwiesen
worden, erneut zu vertagen. Doch Kravchenko läßt sich nicht verunsi-
chern. Er setzt eine Pressekonferenz an und geht in die Offensive. Er
sei nicht bereit, erklärt er den Journalisten, den Prozeß ein weiteres
Mal hinauszuschieben.

Nachdem die französischen Behörden allen ausländischen Zeugen
Einreisevisa ausgestellt haben, kann der Prozeß am 24. Januar in Paris
endlich beginnen. Bereits Stunden zuvor drängen sich Hunderte von
Fotografen, Journalisten und Besuchern vor dem Eingang des Ge-
richtsgebäudes. Etwa die Hälfte der 300 Plätze sind für die Presse aus
dem In- und Ausland, die Dolmetscher, Angehörigen, Diplomaten, die
50 Anwälte und Assistenten reserviert. Zehn uniformierte Polizisten
– die Anzahl der Beamten in Zivil soll wesentlich höher liegen –
demonstrieren, daß es umfangreiche Sicherheitsvorkehrungen gibt.
Der Kläger hat zahlreiche Drohungen erhalten. Kravchenko wird von
Maître Georges Izard verteidigt, einem früheren sozialistischen Abgeordneten in der Nationalversammlung und hochdekorierten Kämpfer
in der Résistance; ihm wird assistiert von seinem jüngeren Kollegen
Maître Gilbert Heiszmann. Auf der Gegenseite werden Morgan und

Wurmser von Maître Joe Nordmann und drei anderen Anwälten verteidigt.

Als Zeugen sind auf der Seite der *Lettres françaises* bereits der Hochkommissar für Atomenergie, Professor Frédéric Joliot-Curie, der
Schriftsteller Vercors (d. i. Jean Bruller), Autor des berühmten Wider-
standsromanes *Das Schweigen des Meeres*, und eine Reihe von Kollegen vertreten; allein durch ihre Anwesenheit signalisieren sie, daß anerkannte Repräsentanten der Résistance hinter Morgan und Wurmser
stehen. Auf Kravchenkos Seite ist nur eine Gruppe sowjetischer Emigranten zu sehen, die meisten von ihnen sind »Displaced persons«, die
sich noch in Lagern der Alliierten in den deutschen Besatzungszonen
aufhalten. Der Kontrast zwischen den beiden Zeugenbänken könnte
kaum größer sein. Bürgerlich gekleidete Wissenschaftler und Intellektuelle auf der einen und in Lumpen gehüllte Flüchtlinge auf der anderen
Seite. Unter den Zuhörern befinden sich an den nächsten Verhandlungstagen prominente Wissenschaftler, Künstler und Schriftsteller,
darunter Autoren wie Louis Aragon, André Gide und François Mauriac.

Am 1. Februar erscheint in der *Prawda* ein von Konstantin Simonow
verfaßter Artikel, der gröbstes Geschütz gegen den Kläger auffährt.
Kravchenko, heißt es dort, sei: »ein heimatloser Entarteter, ein ehrloser
Lump, ein treubrüchiger Verräter. Gorki hat einmal treffend gesagt:
›Ein Verräter ist mit nichts und niemandem zu vergleichen. Ich glaube,
sogar für eine Typhuslaus wäre der Vergleich mit einem Verräter eine
Beleidigung.‹ Dasselbe kann man von Kravchenko sagen, diesem La-
kaien, der schon den vierten Tag in einem Pariser Gerichtssaal den
Hanswurst spielt.«[8]

Einen Tag später erklärt der als Zeuge für Morgan und Wurmser
auftretende britische Unterhausabgeordnete Konni Zilliacus, ein als
KP-freundlich eingestufter Politiker der Labour-Partei, auf die Frage, ob
er sich vorstellen könne, daß ein solcher Prozeß wie der gegen Kravchenko in Moskau stattfinden könne, spöttisch: »Wenn meine Groß-
mutter Räder hätte, wäre sie ein Fahrrad.«[9] Als sich das Gelächter unter
den Zuhörern gelegt hat, fügt er hinzu, daß die Auffassungen vom Zivil-
recht und der Freiheit in der Sowjetunion »natürlich« nicht dieselben
wie in Frankreich seien. Am Abend darauf tritt er als Hauptredner einer
von der »Französisch-Sowjetischen Freundschaftsgesellschaft« organisierten Großveranstaltung in der Mutualité auf, die den Titel »Kravchenko gegen Frankreich« trägt.

Von den ursprünglich 16 angekündigten Zeugen, die aus der Sowjetunion kommen sollten, um für *Les Lettres françaises* auszusagen, sind nur fünf erschienen, darunter die frühere Ehefrau Kravchenkos, Sinaida Gorlowa, und sein ehemaliger Vorgesetzter in Washington, General Leonid Rudenko, der Bruder des sowjetischen Chefanklägers bei den Nürnberger Prozessen. Doch nicht sie hinterlassen den glaubwürdigsten Eindruck bei den Zuhörern, sondern die aus Stockholm angereiste Witwe des in der Sowjetunion ermordeten KPD-Funktionärs Heinz Neumann. Margarete Buber-Neumann, die ihre Leidenserfahrungen *Als Gefangene bei Stalin und Hitler*[9a] ebenfalls in einem Buch zusammengefaßt hat, ist die einzige intellektuelle Stimme, die während des über zwei Monate sich hinziehenden Verfahrens für den Kläger Partei ergreift.

Ausführlich und differenziert schildert sie mit leiser Stimme in deutscher Sprache, was sie nach der Verhaftung ihres Mannes 1936 in Moskau erlebte. Aus ihrer Wohnung geworfen, ohne Arbeit und ohne Geld fristete sie zunächst ein Dasein wie eine Ausgestoßene, dann wurde sie von dem NKWD verhaftet, in die Lubjanka und andere Gefängnisse gesteckt, um schließlich nach der Verurteilung durch ein Sondergericht in ein riesiges Lager, das so groß wie Dänemark sei, nach Karaganda deportiert zu werden. Nach Ausbruch des Krieges wurde sie 1940 völlig überraschend zusammen mit 30 anderen deutschen und österreichischen Häftlingen nach Brest-Litowsk transportiert. Dort übergab ein NKWD-Offizier sie an der deutsch-polnischen Grenze an eine Gruppe von SS-Leuten. Nachdem der jüdische Gefangene Hans Bloch aus der Gruppe geholt und mißhandelt wurde, kam sie mit den anderen zusammen in das Gestapo-Gefängnis nach Berlin und schließlich ins Konzentrationslager Ravensbrück, wo sie im April 1945 ihre Befreiung erlebte. Die Auslieferung deutscher Häftlinge aus sowjetischen Lagern und Gefängnissen war, wie Margarete Buber-Neumann erst später erfuhr, eine der Vereinbarungen im Hitler-Stalin-Pakt.

Am 1. März wird, nachdem Schrift- und Sprachsachverständige im Auftrag der *Lettres françaises* die Authentizität des Textes angezweifelt haben, dem Gericht das russische Originalmanuskript, das der amerikanischen Übersetzung von *I choose freedom* zugrunde lag, vorgelegt, inklusive der Satzfahnen und aller Korrekturen des Autors und des Übersetzers. Unter den Zuhörern befinden sich an diesem Tag

Simone de Beauvoir, Jean-Paul Sartre, Arthur Koestler, Elsa Triolet und andere prominente Intellektuelle.

Am 7. März tritt der, was seinen Ruf anbelangt, wohl wichtigste Zeuge für Morgan und Wurmser auf. Doch der Atomphysiker, Nobelpreisträger, Hochkommissar und Kommunist Frédéric Joliot-Curie hinterläßt einen schwachen Eindruck. Er berichtet zwar von drei Reisen in die UdSSR, wo er sich mit vielen Menschen unterhalten habe, muß aber auf Nachfragen eingestehen, daß er kein Russisch spricht und insofern immer vom Informationsfluß seiner offiziellen Reisebegleiter abhängig war. Nicht viel anders ist es mit prominenten Zeugen wie den kommunistischen Abgeordneten Roger Garaudy und Emmanuel d'Astier de la Vigerie oder den der KPF nahestehenden Schriftstellern Vladimir Pozner und Vercors. Sie alle können nichts Konkretes zur Aufklärung der in Kravchenkos Buch geschilderten Sachverhalte beitragen und weisen nur in pauschaler Weise die erhobenen Vorwürfe als ungerechtfertigte und verleumderische Angriffe auf die Sowjetunion und das »Weltfriedenslager« zurück.

In seinem selbstbewußt und kämpferisch vorgetragenen Schlußwort richtet Kravchenko am 22. März seine Angriffe in nahezu derselben Schärfe gegen die französischen Linksintellektuellen wie gegen die Sowjetunion selbst. »Millionen von Menschen aus allen Lebensbereichen haben die Sowjetunion, das Land des falschen Sozialismus und der falschen Demokratie, verlassen. Sie haben neben der schrecklichen Erfahrung der Kreml-Herrschaft und ihres modernen Dschingis Khan zugleich deren bittere Kenntnis mit in den Westen gebracht. Diejenigen, die die Wahrheit sehen und hören wollen, so unangenehm sie auch sein mag, können sie in ihrer ganzen Vielfalt kennenlernen: Nichts bleibt ihnen verborgen, weder das unglückliche Schicksal der Völker Rußlands noch die Machenschaften der Sowjetdiktatur und ihrer Organe, noch deren Ziele.«[10]

Am 4. April, nachdem sich unter allen Beteiligten des Prozesses, der nach den Worten eines *Spiegel*-Redakteurs »als eine wahre Kakophonie des politischen Hasses« in die Justizgeschichte eingehen werde, deutliche Ermüdungserscheinungen abgezeichnet haben, wird das Urteil gesprochen. »Da die Angeklagten«, führt der Gerichtsvorsitzende Durkheim aus, »weder ein einziges Dokument noch eine Zeugenaussage vorgewiesen haben, die beweisen könnten, daß Kravchenkos Behauptungen oder Schilderungen wirklich ungenau sind... Da das

Verhalten Kravchenkos im Verlaufe der zahlreichen Sitzungen, seine häufigen Interventionen, seine Reden und seine improvisierten Entgegnungen klar erweisen, daß er... ganz bestimmt fähig ist, ein Buch wie ›Ich wählte die Freiheit‹ zu schreiben...«, aus diesen und anderen Gründen werden Claude Morgan und André Wurmser der Verleumdung für schuldig befunden und dazu verpflichtet, das Urteil auf der Titelseite der nächsten Ausgabe von *Les Lettres françaises* abzudrukken. Morgan wird zu 105 000 Francs Geldstrafe und 100 000 Francs Schadenersatz verurteilt, Wurmser zu 5000 Francs Geldstrafe und 50 000 Francs Schadenersatz. Beide Angeklagte müssen außerdem die Gerichtskosten in Höhe von sechs Millionen Francs tragen.

Mit diesem Urteilsspruch ist jedoch weder der juristische noch der öffentliche Streit über Kravchenkos Buch zu Ende. David Rousset, Exponent der unabhängigen Linken, nimmt den Anstoß des sowjetischen Dissidenten auf und publiziert am 12. November 1949 im *Figaro Littéraire* einen »Appell an die Deportierten aus den Nazilagern: Helft den Deportierten in den sowjetischen Lagern« – wie das konservative Blatt als Schlagzeile verkündet. Um nicht weiter bestreitbare Zeugenaussagen anführen zu müssen, zitiert er aus einem sowjetischen Gesetzbuch mehrere Paragraphen, aus denen hervorgeht, daß eine Deportierung sowjetischer Bürger ohne Gerichtsurteil und ohne zeitliche Einschränkung völlig legal ist.

Gegen den Aufruf ihres früheren Weggefährten Rousset, mit dem sie gemeinsam im Rassemblement Démocratique Révolutionaire (RDR) aktiv waren, nehmen Maurice Merleau-Ponty und Jean-Paul Sartre im Januar 1950 in einem Artikel ihrer Zeitschrift *Les Temps Modernes* Stellung. Sie bestreiten zwar nicht den Objektivitätsgehalt von Roussets Ausführungen, werfen ihm jedoch mit Vehemenz vor, daß er sich von der bürgerlichen Presse vor ihren Karren habe spannen lassen. Auf der einen Seite heißt es bei ihnen: »Wenn sich zehn Millionen Menschen in Konzentrationslagern befinden..., dann schlägt die Quantität in Qualität um, dann kehrt sich das ganze System um und bekommt einen anderen Sinn, und trotz der Verstaatlichung der Produktionsmittel und obwohl in der UdSSR die private Ausbeutung des Menschen durch den Menschen sowie die Arbeitslosigkeit ausgeschlossen sind, muß man sich fragen, was uns noch dazu berechtigt, in bezug auf dieses Land von Sozialismus zu reden.«[11] Auf der anderen Seite glauben sie jedoch, daran festhalten zu können, daß die Sowjetunion, jedenfalls

was die politischen Auseinandersetzungen im eigenen Land anbe-
treffe, auf der richtigen Seite stehe. Mit Kravchenko hätten sie wenig
zu tun. Kommunismus und Faschismus dürften nicht gleichgesetzt
werden. Während die Sowjets mit den Lagern, wenn auch zu Unrecht,
die Gesellschaft umerziehen wollten, so hätten die Nazis spätestens
von dem Moment an, in dem sie die Gaskammern einsetzten, ihre Lager zur Vernichtung bestimmter Menschengruppen gebraucht. Außerdem solle man sich in Frankreich und England vor Augen halten, daß
auch sie als bürgerliche Staaten in ihrem Herrschaftsbereich über
Lager verfügten. Die Kolonien seien die »Arbeitslager der Demokratien«. Die »heilige Allianz« gegen die Sowjetunion, werfen sie Rousset
vor, nehme die Kritik an den Lagern nur zum Anlaß, um damit »jede
sozialistische Tendenz« zu diskreditieren.[12]

Im Monat darauf geht vor der zweiten Strafkammer des Gerichts im
Département Seine in Paris nach sechs Verhandlungstagen ein am
20. Dezember 1949 begonnener Berufungsprozeß der beiden verurteilten Redakteure von *Les Lettres françaises* zu Ende. Die Berufung von
Claude Morgan und André Wurmser wird zurückgewiesen, auch diesmal wird den Ausführungen Kravchenkos, der zur selben Zeit die amerikanische Staatsbürgerschaft annimmt, mehr Glauben geschenkt als
der Beweisführung der beiden Redakteure und ihrer Anwälte.

Auch in einem zweiten Berufungsverfahren wird das ursprüngliche
Urteil bestätigt. Derweil bekommen die freundschaftlich-kollegialen
Beziehungen von Jean-Paul Sartre zu Maurice Merleau-Ponty auf der
einen und zu Albert Camus auf der anderen Seite Risse. Der Kravchenko-Prozeß zeigt Tiefenwirkung. Im Anschluß an ihn ist unter Intellektuellen, die nicht an die KPF gebunden sind, die Frage nach der
Existenz von Lagern in der Sowjetunion überflüssig – weil bereits be-
antwortet – geworden. Es geht nur noch darum, welche Rückschlüsse
aus ihrem Vorhandensein auf die Sowjetunion als politisches System
zu ziehen sind. Während Sartre, der im August 1948 auf einem internationalen Friedenskongreß in Breslau von dem sowjetischen Schriftsteller Alexander Fadejew noch als »Schreibtischhyäne«, als ein »mit
einem Füllfederhalter bewaffneter Schakal« beschimpft worden ist,
auf Großveranstaltungen der kommunistischen Weltfriedensbewe-
gung als Starredner auftritt und demonstrativ ein von Loyalität gepräg-
tes Verhältnis zur KPF und zur Sowjetunion an den Tag legt, rücken
Camus und Merleau-Ponty von ihrem einstigen philosophischen Weg-

gefährten immer weiter ab. Schließlich kommt es aus unterschiedlichen Anlässen, im Kern aber wegen der unvereinbaren Haltung zum
Staatskommunismus und seinen Lagern, im August 1952 zum Bruch
mit Camus und im Mai 1953 zum Bruch mit Merleau-Ponty. Letzterer
bezichtigt Sartre wegen seines taktischen Verhältnisses gegenüber den
kommunistischen Parteien in dem im Juni 1955 erscheinenden Buch
Die Abenteuer der Dialektik des »Ultrabolschewismus«.

Als zur selben Zeit im Théâtre Antoine in Paris Sartres Komödie
Nekrassow uraufgeführt wird, zeigt sich noch kompromißloser als zuvor, wie sich der einflußreichste französische Gegenwartsphilosoph
definiert. Indem er in dem Stück auf amüsante Weise den Antikommunismus ad absurdum führt, stellt er sich noch bedingungsloser als bisher auf die Seite der KPF und der Sowjetunion. In vielen Zügen des
Hochstaplers, der die Rolle des sowjetischen Ministers Nekrassow an-
genommen hat, sind Verhaltensweisen wiederzuerkennen, die Kravchenko in seinem Prozeß an den Tag gelegt hat. Auch die scharfen
Attacken auf die französische Presse, die sich jeder Gelegenheit bedient, um ihre antisowjetischen Ressentiments zu pflegen, sind kaum
ohne den Anschauungsunterricht während des Prozesses gegen *Les
Lettres françaises* zu verstehen. Obwohl die Glossen gegenüber der
Presse gut ankommen, wird das Stück bald wieder vom Spielplan abgesetzt.

Erst unter dem Eindruck der Niederwalzung des ungarischen Volks-
aufstandes durch sowjetische Panzer zeichnet sich bei Sartre eine
Kehrtwendung in seinem Verhältnis zum Kommunismus ab. In dem
vom November 1956 bis Januar 1957 in drei Ausgaben von *Les Temps
Modernes* erscheinenden Aufsatz »Das Gespenst Stalins« kommt er zu
dem Schluß, daß man sich nun, anstatt die KPF als unabhängiger Intellektueller weiter zu unterstützen, wohl um ihre Entstalinisierung küm-
mern müsse.

Im Jahr 1979, also mehr als 30 Jahre nach dem Startschuß zur Anti-
Kravchenko-Kampagne, lüftet Claude Morgan in seinen im Verlag
Guy Roblot erscheinenden Erinnerungen *Don Quixote und andere* das
sorgfältig gehütete Geheimnis um die Autorenschaft des Artikels »Die
Wahrheit über Kravchenko«. Es sei André Ullmann, ein ihm bereits
aus der Résistance bekannter Kampfgefährte gewesen, der ihm 1947
den Artikel mit dem Hinweis überreichte, er solle ihn unter dem Namen »Sim Thomas« publizieren.

Ein Jahr darauf erscheint Kravchenkos Buch *Ich wählte die Freiheit* in einer Neuauflage in französischer Sprache. Unter der Überschrift »Betrug und Rausch« hat Pierre Daix, der seinerzeit in der Auseinandersetzung mit Rousset die Lager als »eines der größten Ruhmesblätter des sowjetischen Regimes« gefeiert hatte, ein Vorwort verfaßt, in dem er sich noch einmal zur Frage der Autorenschaft von André Ullmann äußert: »Ich bin sicher«, schreibt der inzwischen vom Stalinismus Geläuterte, »daß er von einer ›Quelle‹ manipuliert wurde, so wie er selbst Morgan manipulierte. Morgan vertraute André Ullmann ganz. André Ullmann hatte volles Vertrauen zu der amerikanischen ›Quelle‹, die ohne Zweifel antifaschistisch und fortschrittlich war und vielleicht selbst jemandem restlos vertraute... Am Anfang dieser Kette stand ein Betrüger. Ein Agent Moskaus, geradeheraus gesagt, der diese Beschuldigung im Auftrag von Stalins Geheimdiensten lancieren sollte, um den unliebsamen Zeugen zu beseitigen, zumindest moralisch zu erledigen.«[13]

II. Der Prozeß Buber-Neumann gegen Carlebach 1951/52 in Frankfurt am Main

Zurück in das Jahr 1949. Das Echo, das der Kravchenko-Prozeß ausgelöst hat, ist nicht ohne Folgen für das innenpolitische Klima in der sich gerade konstituierenden Bundesrepublik geblieben. Die KPD ist eine der am besten organisierten Parteien, mit Max Reimann an der Spitze im Parlamentarischen Rat vertreten, und verfügt nicht nur im Ruhrgebiet über eine erhebliche Anhängerschaft. Noch vor der Urteilsverkündung schreibt das in München erscheinende *Echo der Woche* über den Pariser Prozeß: »Die eigentliche Sensation, die auch in der Auslandspresse unter stärksten Schlagzeilen hervorgehoben wurde, bildet aber die Aussage von Frau Buber-Neumann... Eine Pariser Zeitung brachte ihren Bericht unter dem Kennwort ›Der Gnadenstoß‹ und hat damit wohl die Situation am besten beleuchtet... Die Aussagen der Frau Buber-Neumann sollten all denen Stoff zum Nachdenken geben, die heute glauben, um einer Idee oder um persönlicher Vorteile willen für den Sieg der kommunistischen Diktatur kämpfen zu müssen.«[14]

Es ist klar, daß die KPD vor den ersten Bundestagswahlen im August das in der Öffentlichkeit kolportierte Bild, sie sei die Agentur einer

Macht, die sich nicht prinzipiell, sondern nur graduell vom NS-Regime unterscheide, korrigieren will. Ein Anlaß bietet sich, als der Mechaniker Heinrich Schulmeyer, ein ehemaliger Kommunist, von einer Frankfurter Spruchkammer im Juli wegen Denunziation von Kollegen verurteilt wird. Schulmeyer war 1933 in die Sowjetunion emigriert und dort Opfer der stalinistischen Säuberungen geworden; 1941 hatte man ihn dann an die Nazis ausgeliefert. Die wiederum erpreßten ihn, so daß er zum Schein darauf einging, für die Gestapo Spitzeldienste zu leisten.[15] In den »Informationen der KPD« heißt es dazu weit ausholend: »Seine Verurteilung als V-Mann hat jetzt die Legende von der ›Auslieferung durch die GPU‹ zerstört, und die Trotzkistin Grete Buber, die heute als amerikanische Agentin arbeitet, wird gut daran tun, in Zukunft andere Romane zu erzählen.«[16] Wegen dieses Satzes erhebt Margarete Buber-Neumann am 1. August vor dem Amtsgericht Frankfurt-Höchst gegen den verantwortlichen Redakteur Ernst Eichelsdörfer Privatklage wegen Beleidigung und übler Nachrede.

Als die Hauptverhandlung am 25. Mai 1950 beginnt, stellt sich heraus, daß nicht Eichelsdörfer, sondern der KPD-Funktionär Emil Carlebach Verfasser des Artikels ist. Am selben Tag erscheint ein ebenfalls von Carlebach verfaßter Schmähtext in der *Sozialistischen Volkszeitung*, einer in Frankfurt a. M. erscheinenden Tageszeitung der KPD. Darin heißt es unter der Überschrift »Trotzkisten und Unternehmervertreter – die USA-Propagandaaktion gegen die Werktätigen – Frau Faust, alias ›Buber-Neumann‹ möchte von sich reden machen« in ebenso höhnischer wie drohender Weise: »Aber das größte Pech hat die Dame Buber damit, daß sie in ihrem Buch... offen für die Clique um Tuchatschewski, Jakir usw. Stellung nimmt, die als Spione und Putschisten für die Hitler-Spionage vor Gericht gestellt, verurteilt und erschossen wurden. Frau Faust, die sich als ›unschuldig Verfolgte‹ hinstellen möchte, begibt sich selbst mit der Tuchatschewski-Clique auf diese Plattform und verteidigt sie noch heute. Damit spricht sie das Urteil über sich selbst... Die Sowjetregierung hat diese Bande und ihren gesamten Anhang unschädlich gemacht. Die Rädelsführer und Hauptverbrecher wurden an die Wand gestellt, der Rest dahin geschickt, wo er hingehörte.«[17] Der Kommunist jüdischer Herkunft, der ehemalige Buchenwald-Häftling, der frühere Mitherausgeber der *Frankfurter Rundschau* und der KPD-Landtagsabgeordnete Carlebach verteidigt seine Vorwürfe, Unterstellungen und Verleumdungen vor

Gericht. Als die Verhandlung vertagt wird, reicht der Verteidiger Buber-Neumanns, der frühere preußische Justizminister Otto Klepper, gegen den bekennenden Stalinisten Privatklage ein.

Ein halbes Jahr später, am 16. Januar 1951, findet die Verhandlung vor dem Amtsgericht Frankfurt-Höchst statt. Die Argumentation der Klägerin wird untermauert durch Zeugenaussagen des Physikers Alexander Weissberg-Cybulski und des Diplomingenieurs Hans Metzger, die ausführlich darlegen, wie sie nach ihrer Haft in sowjetischen Gefängnissen vom NKWD 1940 über die Brücke von Brest-Litowsk an die Nazis ausgeliefert worden sind. Ihre Angaben werden bestätigt von dem Diplomaten Gebhard von Walter, der von 1936 bis 1941 als Botschaftsrat an der deutschen Botschaft in Moskau tätig war. Seinen Kenntnissen zufolge sind nach dem Hitler-Stalin-Pakt zwischen 200 und 300 deutsche Kommunisten ausgeliefert worden.

Carlebachs Argumentation folgt dagegen einem bestimmten, leicht zu durchschauenden Schema: »Wer irgendwann in irgendeiner Form beschuldigt wurde, der Parteilinie zuwider gehandelt zu haben, ist ein Konterrevolutionär; ein Konterrevolutionär ist eo ipso ein Gestapo-Agent.«[18] Das Amtsgericht, das die Auffassung vertritt, daß es bei dem Streit »um ein Verfahren zwischen zwei Privatpersonen« geht und ein öffentliches Interesse daran verneint werden müsse, verurteilt den 36jährigen Angeklagten wegen übler Nachrede in Tateinheit mit Beleidigung zu einer Geldstrafe von 200 DM. Der vorsitzende Amtsgerichtsrat billigt Carlebach dabei mildernde Umstände zu. Dieser sei zwar ein »Fanatiker«, habe jedoch seine beleidigenden Äußerungen im Glauben an die kommunistische Idee und nicht wider besseres Wissen vorgebracht. Kommentar der einen Tag später erscheinenden *Sozialistischen Volkszeitung*: »Moralisch und politisch gewonnen«[19] – so die Schlagzeile. Buber-Neumann wie Carlebach legen gegen das Urteil Berufung ein.

Vor der nächsten Verhandlungsrunde trifft bei Margarete Buber-Neumann ein Schreiben von Benedikt Kautsky ein. Der Sohn des SPD-Theoretikers Karl Kautsky, der SPÖ-Funktionär und Leiter einer Gewerkschaftsschule in Graz ist, war selbst Buchenwald-Häftling. Er hatte Carlebach 1938 kennengelernt und sein Verhalten als Funktionshäftling bis zu seiner eigenen Deportation nach Auschwitz 1942 genau beobachtet. »Carlebach war«, schreibt Kautsky, »zweifellos Mitglied der kommunistischen Lagerleitung, die wir richtiger als die Lagerfeme bezeichneten. In deren Hand lag es, Menschen umzulegen, auf Himmelfahrtstransporte zu schicken oder mit Hilfe des berüchtigten Dr. Hoven abspritzen zu lassen.«[20] Kautsky erklärt aber zugleich, daß er Skrupel habe, einen »Feldzug gegen die Kommunisten« zu beginnen. Die Aufdeckung dieser Vorgänge gebe nicht nur der amerikanischen Presse Gelegenheit, mit neuen Schlagzeilen aufzuwarten, sondern liefere der Verteidigung von NS-Tätern Material, um ihre Verbrechen zu relativieren. Trotz dieser Befürchtung, einen Anlaß für die »Entlastung der Nazis« zu liefern, ist Kautsky schließlich bereit, vor Gericht auszusagen.

Doch die Berufungsverhandlung vor der 5. Strafkammer des Landgerichts Frankfurt a. M. verläuft in einer ähnlich bedenklichen Form wie das erste Verfahren. Das Gericht lehnt es nicht nur ab, die frühere KPD-Vorsitzende und Stalinismus-Expertin Ruth Fischer als sachverständige Zeugin vorzuladen, sondern auch Benedikt Kautsky, von dem eine eidesstattliche Erklärung vorliegt, in der die Vorwürfe gegen Carlebach substantiiert werden. Begründung: Die Frage nach einer eventuellen Mitschuld des Beklagten an einer Tötung von Mithäftlingen im KZ Buchenwald sei »für das Beweisthema« unerheblich.

Diese Linie, das Verfahren als einen reinen Privatstreit ohne politische Dimension abzuhandeln, führt im Falle eines Zeugen beinahe zum Eklat. Als der SPD-Bundestagsabgeordnete Hermann Brill, der von 1943 bis 1945 ebenfalls Buchenwald-Häftling war, bestätigt, daß Carlebach Häftlinge geschlagen habe und auf Befehl der KPD-Untergrundleitung auch Häftlinge getötet worden seien, versucht der Angeklagte die Glaubwürdigkeit Brills durch die Behauptung zu erschüttern, daß dieser für OMGUS, die amerikanische Militärregierung, gearbeitet habe und insofern ein »bezahlter« US-Agent sein müsse. Auf die Aufforderung des Gerichtsvorsitzenden, der Politiker solle sich zu seiner Tätigkeit für OMGUS äußern, kontert Brill mit der Frage, ob er hier eigentlich »vor einem sowjetischen Kriegstribunal« stehe.

Das Verfahren endet am 8. Mai 1951 mit der Bestätigung des Urteils aus erster Instanz. Doch sowohl Carlebach wie auch Buber-Neumann stellen erneut Revisionsanträge. Der Bundesgerichtshof in Karlsruhe kommt zu dem Schluß, daß dieser Fall von öffentlichem Interesse sei, hebt das Urteil auf und verweist die Sache zur erneuten Verhandlung an das Landgericht Frankfurt a. M. zurück.

Doch die 5. Strafkammer schränkt auch in der Neuaufnahme des

Prozesses im Oktober 1952 das Verfahren im entscheidenden Punkt ein. Zwar kann Benedikt Kautsky diesmal als Zeuge der Anklage gehört werden, jedoch wird ihm mit der Begründung, daß gegen Carlebach bereits in Düsseldorf ein Ermittlungsverfahren wegen des Verdachts auf Teilnahme an einem Mordfall eingeleitet worden sei, jede Äußerung zum Vorwurf der Tötung von Mithäftlingen untersagt. Am 30. Oktober 1952 verurteilt das Gericht schließlich Carlebach wegen Beleidigung und übler Nachrede zu einer Gefängnisstrafe von einem Monat.

Es gibt ein »Postscriptum« zu dem Frankfurter Prozeß seitens des Angeklagten, das erst kürzlich in einem Archiv aufgefunden worden ist. Es handelt sich dabei um eine als »Vertrauliche Verschlußsache« klassifizierte, eigenhändig unterzeichnete Stellungnahme, mit der Emil Carlebach der Aufforderung des KPD-Parteivorstands vom 9. Dezember 1953 nachkommt und sich ausführlich zu seiner Tätigkeit in der illegalen Parteileitung im KZ Buchenwald und seiner Rolle als Funktionshäftling äußert. Er gibt darin zu, daß der »Kampf gegen Brotdiebe, erpresserische Vorarbeiter und ähnliche Subjekte« dazu geführt habe, daß er »solche Elemente ohrfeigte«, da sie in irgendeiner Weise hätten bestraft werden müssen. Weiter räumt er ein, daß er einen Kampf gegen »jüdische Parteifeinde« wie Kurt Hirsch, Jakob Ihr und August Cohn geführt und erfolglos die »Entfernung« des Häftlings Ihr aus dem Lager durchzusetzen versucht habe. Unter »PS« heißt es dann zu Vorwürfen in der Nachkriegszeit: »Die Auseinandersetzungen während der Lagerzeit hatten zur Folge, daß eine ganze Reihe Parteifeinde nach der Befreiung versuchten, mich als ›Kriegsverbrecher‹ zu verleumden. Der erste in dieser Reihe war Dr. Eugen Kogon, der mich schon im Mai 1945 bei den Amerikanern denunzierte, als ich kaum wieder in Frankfurt angekommen war. Die Folge davon war, daß die Amerikaner nicht nur in Frankfurt, sondern auch in Buchenwald selbst umfassende Verhöre anstellten, bei denen sich allerdings ergab, daß die befragten ehemaligen Häftlinge nicht bereit waren, Kogons Denunziation zu unterstützen...[21] Der nächste Schuß kam von dem nach den USA ausgewanderten Wiener Trotzkisten Ernst Federn, der in der amerikanischen Zeitschrift ›Harpers Magazine‹ die Beschuldigung gegen mich erhob, ich hätte als ›fanatischer Kommunist‹ andersdenkende Häftlinge ermorden lassen.[22] Nach längerem Hin und Her sah sich die Zeitschrift gezwungen, meine Richtigstellung abzudruk-

ken. Die Verleumdungen des Trotzkisten Federn wurden dennoch von
der Hamburger Illustrierten ›Der Stern‹ aufgegriffen, die mich im Rahmen einer Artikelserie zugunsten der verurteilten Faschisten erneut
angriff. Meine Klage beim Hamburger Amtsgericht führte dazu, daß
der Verfasser dieses Artikels seine Behauptung offiziell zurücknahm,
während der Prozeß mit dem Chefredakteur sich noch immer hinzieht,
da dieser sich weigert, die Ehrenerklärung, die der Verfasser abgegeben hat, zu drucken. Ein dritter Versuch wurde gemacht während des
Prozesses, den die Trotzkistin Faust-Buber-Neumann gegen mich an-
gestrengt hat. Der amerikanische Agent Hermann Brill (damals Mitglied des Bundestages), der österreichische SPÖ-Funktionär Benedikt
Kautsky (Sohn des Renegaten Karl K.)[23] und... August Cohn aus Kas-
sel wurden aufgeboten, um mich wegen meiner Tätigkeit in Buchenwald zu belasten. Ihre Behauptungen erwiesen sich jedoch als so un-
glaubhaft, daß selbst das Frankfurter Landgericht sie zurückwies.«[24]

Doch wer nun erwartet, daß es mit dem Rechtsstreit, der in seinem
Kern ja ein historischer Streit im Kontext eines extrem polarisierten
politischen Klimas ist, sein Bewenden hat, der muß enttäuscht werden.

III. Der Prozeß Carlebach gegen Schafranek 1991–93
in Frankfurt am Main

Fast 40 Jahre später versucht der Altstalinist Emil Carlebach seine
– wenn auch glimpflich ausgefallene – Scharte im Rechtsstreit mit
Margarete Buber-Neumann, die am 6. November 1989 gestorben ist,
auszuwetzen.

Als 1990 in dem trotzkistisch orientierten Frankfurter Verlag »Internationale Sozialistische Publikationen« (ISP) ein Buch des österreichischen Historikers Hans Schafranek erscheint, in dem unter dem Titel
*Zwischen NKWD und Gestapo – Die Auslieferung deutscher und öster-
reichischer Antifaschisten aus der Sowjetunion an Nazideutschland
1937–1941* noch einmal die Geschichte des Buber-Neumann/Carle-
bach-Prozesses aufgerollt wird, strengt nun umgekehrt Emil Carlebach
ein Strafverfahren und nach dessen Einstellung im Vorfeld der Ermitt-
lungen eine Zivilklage gegen den Autor des Textes an.

Der in Wien lebende Historiker Hans Schafranek (*1951) ist Mitarbeiter am »Dokumentationsarchiv des Österreichischen Widerstan-

des« (DÖW), des »Vereins für Geschichte der Arbeiterbewegung« und Mitbegründer der österreichischen »Memorial«-Gruppe, der es nach Vorbild der russischen um die Rehabilitierung der Opfer stalinistischen Terrors geht. In seinem Hauptwerk *Das kurze Leben des Kurt Landau*[25] hat er die Biographie eines österreichischen Kommunisten dargestellt, der 1937 verschwunden und aller Wahrscheinlichkeit nach Opfer der stalinistischen Säuberungen geworden ist. Mit zwei Kollegen zusammen hat er außerdem einen Band über den Hitler-Stalin-Pakt herausgegeben.[26] Auf der Grundlage neuerer Dokumente, die er vor allen Dingen im »Politischen Archiv« des Auswärtigen Amtes in Bonn ausfindig gemacht hat, schildert er in *Zwischen NKWD und Gestapo* nicht nur, wie deutsche und österreichische Nazi-Gegner von der Sowjetunion an das Hitler-Regime ausgeliefert wurden, sondern wie weit die Kollaboration zwischen den Polizeistellen der beiden totalitären Staaten ging, um sich »Linker« zu entledigen. Im Gefolge dieses Zusammenhangs beschreibt er die kommunistische Medienkampagne gegen die Autorin des international Aufsehen erregenden Werkes *Als Gefangene bei Stalin und Hitler*, Margarete Buber-Neumann. Dabei zitiert er aus einem Brief Kautskys, weist auf dessen eidesstattliche Erklärung im Zivilverfahren gegen Carlebach hin, in der es geheißen hatte, daß dieser für den Tod zweier polnischer Juden persönlich verantwortlich sei, und druckt sie zusammen mit einem anderen Dokument im Anhang seines Buches ab.

Zur allgemeinen Überraschung hat Carlebachs Intervention Erfolg: Am 29. August 1991 verurteilt die 3. Zivilkammer des Landgerichts Frankfurt a. M. den österreichischen Historiker wegen »übler Nachrede« des früheren KPD- und jetzigen DKP-Mitglieds Emil Carlebach zu einem Schmerzensgeld, dessen Höhe noch nicht feststeht. Die Restauflage des beanstandeten Buches darf nur noch mit Schwärzungen jener Textpassagen ausgeliefert werden, in denen der als »ehrenrührig« angesehene, angebliche »Mordvorwurf« gegen den Kläger erhoben wird. Sollte der Autor diese Behauptungen »wörtlich oder sinngemäß in irgendeiner Form« verbreiten, so droht ihm die Zahlung eines Bußgeldes von maximal 500 000 DM oder ersatzweise bis zu sechs Monaten Haft.

In der Urteilsbegründung heißt es: »Das legitime Recht eines Autors im Rahmen von geschichtlichen Darlegungen, die Aussage Dritter zu zitieren, für deren Wahrheitsgehalt ihm keine Nachweismöglichkeit zur Verfügung steht, findet jedoch nach einhelliger Auffassung in Rechtsprechung und Literatur seine Einschränkung dort, wo der Zitierende eine Auseinandersetzung mit den Zitaten Dritter vermissen läßt, ja sich direkt oder indirekt mit der Aussage des Dritten identifiziert und sie hierdurch zu seiner eigenen macht… In derartigen Fällen, in denen der Autor ehrverletzende Zitate in seinem Text verwertet, um hierdurch quasi seine eigene Auffassung zu untermauern, ist er in der Verfassung des Textes selbst Störer und kann nicht zur Rechtfertigung auf das Informationsinteresse Dritter sowie darauf, daß er ja nur zitiert habe, verweisen. So aber verhält es sich im vorliegenden Fall.«[27]

Diese Begründung steht im Widerspruch zu der, die die Staatsanwaltschaft Frankfurt a. M. kurz zuvor, am 13. Juni 1991, gegeben hat, um die Einstellung des von Carlebach angestrengten strafrechtlichen Ermittlungsverfahrens zu rechtfertigen: »Es ist gerade Aufgabe eines Historikers«, heißt es dort, »Zeitgeschichte aufgrund von Äußerungen dritter Personen, die zum Teil Personen der Zeitgeschichte sind, wiederzugeben, darzustellen und sogar zu werten und zu würdigen. An keiner Stelle des entsprechenden Abschnittes des Buches wird erkennbar, daß der Beschuldigte Schafranek sich mit den auf Carlebach beziehenden Ausführungen der Zeitgenossen identifiziert und sich diese etwa gar zu eigen machen will.«[28] Der Verurteilte, der überhaupt bestreitet, einen »Mordvorwurf« gegen Carlebach erhoben zu haben, legt gegen das Urteil vom 29. August Berufung beim Oberlandesgericht ein.

In einem Zeitungskommentar beklagt sich Schafranek, der auf der Zitierung historischer Dokumente aus allgemein zugänglichen Quellen besteht, vor allem über die Verschiebung des eigentlichen Themas, der Auseinandersetzung mit dem Stalinismus, auf einen Nebenschauplatz: »Die Vorgänge in Buchenwald sind nicht das zentrale Thema des Buches, sondern die Komplizenschaft zweier Diktaturen und die Geschichtsklitterung der Kommunisten nach dem Krieg. Die Diskussion wird durch den Prozeß von diesem wichtigen Thema abgelenkt.«[29]

Bereits vor dem Urteil des Frankfurter Landgerichts haben drei Wissenschaftler eine Solidaritätserklärung mit Schafranek abgegeben. In dem Text der Professoren Helmut Dahmer, Iring Fetscher und Hermann Weber an die Adresse Carlebachs gerichtet heißt es: »Gegen diesen dreisten Versuch, ein bundesrepublikanisches Gericht dazu zu veranlassen, die Veröffentlichung von Dokumenten, die stalinistische Verbrechen belegen, zu zensieren, wenden wir uns aus zwei Gründen: 1. Emil Carlebach und seine Gesinnungsfreunde müssen – nach fünfzig Jahren – akzeptieren, daß sie, selbst Gegner und Opfer des SS-Staats, Komplizen des mörderischen Stalin-Regimes gewesen sind. 2. Die Freiheit des Historikers und Publizisten, aus Dokumenten zu zitieren, muß gegenüber den Zensurwünschen von Interessenten, die ihren persönlichen Ruf oder den ihrer Organisationen wahren möchten, verteidigt werden.«[30] Diese Erklärung ist inzwischen von rund 400 Historikern, Publizisten, Politik- und Sozialwissenschaftlern aus einer ganzen Reihe europäischer Länder unterzeichnet worden. Unter ihnen befinden sich Freimut Duve, Lew Kopelew, Wolfgang Leonhard, Hans Mommsen und Simon Wiesenthal. Unter französischen Historikern kursiert ein ähnlicher Aufruf, zu dessen Erstunterzeichnern Jacques Droz, Jacques Le Goff und Pierre Vidal-Naquet zählen.

Das DKP-Blatt *Unsere Zeit* hat sich bereits zu Beginn der sich abzeichnenden Solidarisierungswelle mit der Behauptung hinter Carlebach gestellt, es könne sich bei den Unterzeichnern nur um »rechtsextreme Historiker und antikommunistische Politiker« handeln.

Wie weit Altstalinisten zusammen mit ehemaligen KZ-Häftlingen zu gehen bereit sind, wenn das vermeintlich ungetrübte Bild von Antifaschisten verteidigt werden soll, zeigt sich dann am 4. Dezember 1991 auf einer Veranstaltung der Technischen Universität in Wien. Unter dem Titel »Der Historiker und sein Richter – Stalinistische Zensur gegen zeitgeschichtliche Forschung« wollen Historiker und Publizisten mit Hans Schafranek über seinen Fall diskutieren. Nachdem bereits im Vorfeld versucht worden ist, den Diskussionsleiter vom ORF dazu zu bewegen, seine Zusage zurückzuziehen, und der wissenschaftliche Leiter des DÖW von einem Kuratoriumsmitglied – ebenso erfolglos – unter Druck gesetzt wurde, kommt es während der Veranstaltung zu tumultartigen Zwischenfällen. Handgreiflichkeiten zwischen den Kontrahenten können gerade noch vermieden werden. Es geht dabei weniger um die Person Carlebachs als um die Verwendung des Begriffs »stalinistische Lagerfeme«.

Ein Kollege Schafraneks, der sich ausführlich mit dem Urteil des Frankfurter Landgerichts auseinandergesetzt hat, um die daraus resultierenden Folgen für die Freiheit der Geschichtswissenschaft in Deutschland abzuschätzen, ist zu dem Schluß gekommen: »Das

Frankfurter Gericht hat sich also angemaßt, über ein historisches
Werk... zu urteilen. Sollte das Urteil unverändert bleiben, hindert dies
Schafranek nicht nur daran, jemals über die ›Lagerfeme‹ ernsthaft zu
forschen, sondern bedeutet auch eine gravierende berufliche Behinde-
rung.«[31]

Die Berufungsverhandlung vor dem Oberlandesgericht Frankfurt
a. M. endet erst am 30. Juni 1994. Das Urteil stellt einen Achtungserfolg
für den Beklagten dar. Der 16. Strafsenat des Frankfurter Oberlandes-
gerichts entscheidet, daß die Streichung zweier Passagen in Schafraneks Buch zwar rechtmäßig gewesen sei, eine jedoch, die den »Fall Ihr«
betrifft, nicht. Der Wiener Historiker darf zu Recht behaupten, daß der
ehemalige Buchenwald-Häftling Carlebach »ein skrupelloser Apparatschik« gewesen sei, der »einen ihm mißliebigen politischen Häftling auf
Block 46 (Fleckentyphus-Versuchsanstalt) zu bringen« versucht habe.
Das Gericht stützt sich dabei auf die Aussage des Zeugen Ernst Federn,
der die Darstellung Schafraneks bestätigt hat. Mit dem Urteil wird außerdem eine Schmerzensgeldforderung Carlebachs ebenso abgewiesen
wie dessen Forderung, der Beklagte solle in drei überregionalen Tages-
zeitungen der österreichischen und deutschen Presse eine Art »Ehrenerklärung« für den Kläger abgeben. Die Gerichtskosten werden zwischen
den beiden Parteien jeweils zur Hälfte geteilt.

Es ist sicherlich ein Glücksfall, wenn sich ein historischer Streit so
auflöst, wie das im Falle des Kravchenko-Prozesses geschehen ist.
Auch ohne letzte Gewißheit über die Inszenierung der damaligen Ver-
leumdungskampagne zu haben – eine Gewißheit, die wohl nur durch
entsprechende Aktenfunde im KGB- oder im Komintern-Archiv in
Moskau zu gewinnen wäre – sind einige der Beteiligten Jahrzehnte später selbst zu der Einsicht gekommen, daß sie wohl nur ein Rädchen
innerhalb eines monströsen Apparates waren, dem es um Denunziation und anderes mehr gegangen ist. Sie ließen sich, zumeist durch ihre
Fixierung auf ein antifaschistisches Freund-Feind-Bild blind geworden, benutzen, um einen, der bereits frühzeitig ausgeschert war, mit
allen zur Verfügung stehenden Mitteln des Rufmords fertigzumachen.
In Paris wollte man Kravchenko in gewisser Weise auch einen Schau-
prozeß machen. Man verfügte dabei jedoch nicht über die Mittel und
Methoden, die in Moskau vorhanden waren und die im selben Jahr
noch in Budapest gegen László Rajk ausgespielt wurden.

Sartre ist zu dieser Zeit die klassische Figur des fellow-travelers. Ja, es ist richtig, *Nekrassow* ist eine Farce, aber eine ganz andere als die von ihrem Autor intendierte. Sicher, die konservative bürgerliche Presse war in Frankreich wie in fast allen anderen westlichen Ländern antikommunistisch eingestellt und hat sich in ihren Publikationsstrategien oftmals Methoden bedient, die nicht zu rechtfertigen sind. Aber: *Nekrassow* war vor allem eine Farce des politischen Autors Jean-Paul Sartre. Der Mann, der für die europäischen Intellektuellen einer, wenn nicht zweier Generationen eine Art moralischer Instanz war, hat selten in seiner politischen Wahrnehmungs- und Urteilsfähigkeit so versagt wie in der Frage der sowjetischen Lager. Es hat ein Vierteljahrhundert gebraucht, bis die französische Linksintelligenz, mit dem *Archipel Gulag* von Solschenizyn konfrontiert, begann, sich an den Blindstellen ihres politischen Denkens abzuarbeiten. Was das Thema Sowjetunion und Stalinismus anbetrifft, waren das verschenkte Jahre.

Die Tatsache, daß mit Margarete Buber-Neumann die Frau, die wie keine andere das Dilemma dieses Jahrhunderts – mit Stalin nicht Hitler bekämpfen zu können – artikuliert hat, 40 Jahre isoliert in Frankfurt leben mußte, ist eine Schande für all jene, die sich einer Linken zurechneten oder immer noch zurechnen, die nie dogmatisch sein wollte. Margarete Buber-Neumann war ebenso wie Hannah Arendt als Rechte stigmatisiert. Man hat beiden, der antitotalitären Biographin wie der antitotalitären Theoretikerin, nicht nur persönlich unrecht getan. Man hat sich dabei, politisch wie theoretisch, selbst geschadet.

Anmerkungen

1 Jean-Paul Sartre, *Nekrassow – Stück in neun Bildern*, Reinbek 1989, S. 39 f.
2 Ebenda, S. 121 f.
3 Der Chefredakteur Jules Palotin zu seinem Redakteur Sibilot, der die wahre Identität Nekrassows kennt: »Weißt du, wie viele sowjetische Beamte, die seit Krawtschenko die Freiheit gewählt haben, hier aufgetaucht sind? Hundertzweiundzwanzig, mein Freund, echte oder unechte. Wir haben Botschaftschauffeure, Kindermädchen, einen Klempner, siebzehn Friseure empfangen, und ich habe mir angewöhnt, sie meinem Kollegen vom ›Figaro‹ zu schicken, der solche Alltagsinformationen keineswegs verschmäht. Resultat: allgemeine Baisse für Krawtschenko.« Ebenda, S. 90.
4 New York 1946.

5 Zit. nach: Boris Nossik, *Der seltsame Prozeß oder Ein Moskauer Überläufer in Paris*, Berlin 1992, S. 109 f.

6 Zit. nach: Nossik, a. a. O., S. 112.

7 Dt. Übersetzung: *Ich wählte die Freiheit*, Zürich 1947.

8 Zit. nach: Nossik, a. a. O., S. 148.

9 *Der Spiegel* vom 26. 2. 1949, 3. Jg., Nr. 9, S. 9.

9a Neuausgabe Herford 1985.

10 Zit. nach: Nina Berberova, *Die Affäre Krawtschenko*, Hildesheim 1991, S. 273.

11 Maurice Merleau-Ponty / Jean-Paul Sartre, »Die Tage unseres Lebens«, in: Jean-Paul Sartre, *Krieg im Frieden 1*, Reinbek 1982, S. 22.

12 Vgl. zum Konflikt über die sowjetischen Lager auch die Darstellung in: Simone de Beauvoir, *Der Lauf der Dinge*, Reinbek 1970, S. 198 f.

13 Zit. nach: Nossik, a. a. O., S. 44.

14 *Echo der Woche* vom 4. 3. 1949.

15 Ich folge in diesem Kapitel wesentlich der Darstellung in: Hans Schafranek, *Zwischen NKWD und Gestapo. Die Auslieferung deutscher und österreichischer Antifaschisten aus der Sowjetunion an Nazideutschland 1937–1941*, Frankfurt a. M. 1990, S. 110 ff.

16 Informationen der KPD vom 17. 7. 1949; in Wirklichkeit war Heinrich Schulmeyer völlig unschuldig. Die KPD benutzte seinen Fall offensichtlich nur, um sich für ihre Kampagne gegen Buber-Neumann einen Anlaß zu verschaffen. Vgl. dazu auch: Hans Schafranek, *Die Betrogenen. Österreicher als Opfer stalinistischen Terrors in der Sowjetunion*, Wien 1991, S. 13, Anm. 9.

17 *Sozialistische Volkszeitung* vom 25. 5. 1950.

18 Schafranek, *Zwischen NKWD und Gestapo*, a. a. O., S. 112.

19 *Sozialistische Volkszeitung* vom 17. 1. 1951.

20 Brief Benedikt Kautskys an Margarete Buber-Neumann vom 22. 3. 1951; zit. nach: Schafranek, *Zwischen NKWD und Gestapo*, a. a. O., S. 118.

21 Der Politikwissenschaftler und Publizist Professor Eugen Kogon (1903–1987), der nach dem Einmarsch der Nazis in Österreich verhaftet wurde und bis zur Befreiung im April 1945 Buchenwald-Häftling war, hat als einer der ersten die landläufige Schwarzweißvorstellung von Tätern und Opfern korrigiert und differenziert. In seinem 1946 erschienenen Standardwerk »Der SS-Staat« beschreibt er in einer Reihe von Details den »unterirdischen Kampf« zwischen SS und Antifaschisten ebenso wie den zwischen kommunistischen und kriminellen Häftlingen um die Vorherrschaft in der unterirdischen Machtstruktur. Über die KPD-Häftlinge schreibt er: »In ihren eigenen Reihen waren sie durchaus nicht einheitlich, hielten aber die Gegensätze eisern nieder, gelegentlich sogar durch Mord an opponierenden Genossen. Jedem Andersgesinnten gegenüber voll Mißtrauen, waren sie darauf bedacht, nur die bedingungslosen Gefolgsleute der herrschenden KP-Linie zu fördern« (Eugen Kogon, *Der SS-Staat. Das System der deutschen Konzentrationslager*, München 1974, S. 311). Das »Verdienst der Kommunisten um die KL-Gefangenen« könne einerseits kaum hoch genug eingeschätzt werden, es könne ihnen jedoch andererseits nicht der Vorwurf erspart werden, daß sie »jederzeit rasch bei der Hand« gewesen seien, wenn es darum ging, »Andersgesinnte ›auszuschalten‹«.

22 Der Sozialtherapeut Professor Ernst Federn (* 1914), Sohn des Psychoanalytikers Paul Federn, der ja bereits 1919 Mitscherlichs These von der »vaterlosen Gesellschaft« vorweggenommen hat, war von 1938 bis 1945 Buchenwald-Häftling. Als jüdischer Trotzkist lebte er im KZ in ständiger Furcht, entweder von der SS oder von der illegalen KPD umgebracht zu werden. Nach der Befreiung kehrte er wegen der Angst, in die Hände der KPÖ oder der sowjetischen Besatzungsmacht zu fallen, nicht nach Wien zurück, sondern ging zunächst nach Brüssel und dann in die USA. Er wurde in New York Vorsitzender einer Vereinigung von KZ-Opfern. Vom österreichischen Bundesjustizministerium 1972 nach Wien geholt, ist er bis 1987 als Sozialtherapeut und Konsulent im Strafvollzug tätig. In einer von ihm am 11.4.1991 abgegebenen eidesstattlichen Erklärung heißt es, Carlebach sei »als Blockältester Herr über Leben und Tod« in einem Lager gewesen, in dem »das Gesetz des Dschungels« geherrscht habe: »Die illegale politische Organisation war mit wenigen Ausnahmen in den Händen stalinistischer Parteifunktionäre. Es war Bestandteil der Politik dieser Lagerorganisation, unliebsame oder die Gemeinschaft schädigende Gefangene zu beseitigen« (Erklärung von Ernst Federn, 11.4.1991, in: Dokumentationsarchiv des Österreichischen Widerstands, *Jahrbuch 1992*, S. 105). Das Dokument, das in einer Einvernahme Federns vor dem Bezirksgericht der Inneren Stadt Wien am 15. Februar 1993 unter Eid bekräftigt worden ist, endet mit der Bemerkung: »Es ist eigentlich unverständlich, warum sich Emil Carlebach nicht zur Politik der Liquidierung politischer Gegner oder ›parteischädlicher‹ Elemente bekennt, da diese Politik des kommunistischen Apparats – auch im Rahmen der deutschen Konzentrationslager – inzwischen historisch belegt und rechtsnotorisch geworden ist« (a.a.O., S. 106).

23 In seinem 1946 in Zürich erschienenen Band »Teufel und Verdammte – Erfahrungen und Erkenntnisse aus sieben Jahren in deutschen Konzentrationslagern« hat Benedikt Kautsky unter der Überschrift »Die Lagerfeme« eine Form von Untergrundgerichtsbarkeit beschrieben, die »nach Art der mittelalterlichen Feme« funktioniert und ganz in den Händen der illegalen KPD gelegen haben soll. Sie sei das Resultat eines Kampfes der »Roten« mit den »Grünen«, den Kriminellen, gewesen, die 1939 kommunistische Kapos und Blockälteste im Steinbruch erschlagen oder in die Postenkette und damit in den sicheren Tod gejagt hatten. Für die Kommunisten sei dies eine der größten Niederlagen gewesen; sie hätten dann im Gegenzug ihre Machtposition Schritt für Schritt zurückerobern und ausbauen können. Dabei habe es viele »Möglichkeiten der Rache« gegeben: »Von der einfachen Vorladung ins Revier, die unter diesen Umständen stets tödlich endete, bis zur Verschickung auf einen ›Himmelfahrtstransport‹ in eine Gaskammer oder zur Auswahl für medizinische Experimente (Fleckfieberstation auf dem berüchtigten Block 46) bestand eine ganze Kette von Gelegenheiten, den ›Verurteilten‹ mehr oder minder unauffällig vom Leben zum Tod zu befördern. Es war eine ungeheure Macht über Leben und Tod ihrer Kameraden, die da völlig unkontrollierbar und unbeeinflußbar in die Hand einiger weniger gelegt wurde« (Benedikt Kautsky, *Teufel und Verdammte*, Zürich 1946, S. 201).

24 Emil Carlebach, Betr.: KL Buchenwald, Bericht an den Parteivorstand der KPD vom 23.2.1954, S. 6 f.

25 Hans Schafranek, *Das kurze Leben des Kurt Landau. Ein österreichischer Kom-munist als Opfer der stalinistischen Geheimpolizei*, Wien 1988.
26 Gerhard Bisovsky / Hans Schafranek / Robert Streibel (Hrsg.), *Der Hitler-Sta-lin-Pakt. Voraussetzungen, Hintergründe, Auswirkungen*, Wien 1990.
27 Landgericht Frankfurt a. M., Az: 2/3 044/91, S. 9.
28 Zit. nach: Richard Mitten, »Im Gericht die Geschichte«, in: *Österreichische Zeitschrift für Geschichtswissenschaft*, H. 1/1992, S. 9.
29 *Tagesspiegel* vom 16.7.1992.
30 *Österreichische Zeitschrift für Geschichtswissenschaft*, H. 4/1991, S. 1.
31 Mitten, a. a. O., H. 1/1992, S. 8.

Michael Rohrwasser
Was haben sie verraten, die Renegaten?

Zwölf Thesen zur Faszination des Stalinismus[1]

Für Georg K. Glaser

1. Plötzlich ist wieder von Renegaten die Rede – aber es gibt sie schon seit der Oktoberrevolution. Sie werden erst dann in Augenschein genommen, wenn sie sich ins eigene Konzept fügen, wenn sie sich als Zeugen oder Gewährsleute eignen. Nicht literarische Qualität, sondern der Grad der Verwertbarkeit entscheidet über ihre Bekanntheit. Einer der auflagenstärksten Romane der Exilliteratur – Jan Valtins (alias Richard Krebs') Roman *Tagebuch der Hölle* – ist von der Forschung deshalb nicht gelesen und wahrgenommen worden, weil es sich um einen Renegatenbericht handelt.

2. Die ersten Ansätze einer Totalitarismustheorie stammen von Renegaten wie Ignazio Silone, Wilhelm Reich, Willi Schlamm, Franz Borkenau, Otto Rühle oder Arthur Koestler. Hannah Arendts Studie über *Elemente und Ursprünge totaler Herrschaft* ist einem Exkommunisten (ihrem Ehemann Heinrich Blücher) gewidmet, der sie zu dem großen Projekt angeregt hat. In ihren Passagen über den Stalinschen Totalitarismus bezieht sie sich vorwiegend auf Renegatenliteratur, sowohl auf die theoretischen Arbeiten von Exkommunisten wie Beck und Godin, Borkenau, Ciliga, Dallin, Deutscher, Souvarine als auch auf literarische Renegatenberichte von Buber-Neumann, Koestler, Krivitsky, Kravchenko. Sie partizipiert nicht an der langwährenden, routinierten Distanz gegenüber Renegatenliteratur, sondern ist die erste Sozialwissenschaftlerin, die die Bedeutung dieser Literatur anerkennt und diese auswertet.

3. Renegaten bewegten sich zwischen Instrumentalisierung und Denunziation. Beide Seiten versuchten sie zu funktionalisieren. Folglich blieb die negative Konnotation bestehen, die sich auch eines Lobes bedienen kann:»Der Renegat * * * ist nicht wie die üblichen Renegaten.«

4. Als Objekte der Denunziation dienten Renegaten der Stärkung der Partei, die sie ausgeschlossen hat. Der innerparteiliche Kritiker wird zum ›äußeren Feind‹ erklärt; er ist Sündenbock, auf den die eigenen Zweifel geladen (und an dem sie bekämpft) werden. Mit der Produktion und dem Ausschluß des Renegaten wurde ideologische Geschlossenheit demonstriert. Diese Geschlossenheit bot nicht nur Enge, sondern auch Nestwärme.

5. Viele Renegaten wurden »gemacht«, auch wenn es sich in den Renegatenberichten oft anders liest.

6. Die diffamierende Macht des Wortes ist so heftig, daß trotz der Vielzahl der Betroffenen nicht der simple Kern des Vorwurfs gesehen wird: Bruch der Parteidisziplin. Darin besteht der Verrat des Renegaten.

7. Renegaten hörten auf, *brave Kinder* zu spielen, die nicht glauben wollten, daß es um Kopf und Kragen ging. Viele Genossen sind in den späten dreißiger Jahren dem Ruf der Partei gefolgt und in die Sowjetunion zurückgekehrt, haben sich den Behörden gestellt, wohl wissend, daß die Maschinerie tödlich arbeitete. Sie glaubten, daß ihre Kritik durch ihre Unterwerfung ernst genommen werde. Der Renegatenbericht ist oftmals Protokoll einer (vorläufigen) Lebensrettung.

8. Renegaten sprangen heraus aus dem Lagerdenken, aus der Falle des Entweder-Oder; einige wenige Renegaten fielen wieder zurück in ein neuerliches Entweder-Oder und sprachen erneut von der großen und einzigen Wahrheit. Das spezifische Dilemma der Renegaten war die Suche nach einer Sprache, da Begriffe wie Freiheit, Brüderlichkeit, Sozialismus bereits von der Partei besetzt waren.

9. Der Renegat war in den Augen des Stalinismus ein ontologisches Monster, dem keine Entwicklung zugesprochen wurde. Er war schon immer »Judas«, der jetzt die Maske des Kommunisten vom Gesicht nahm oder der entlarvt werden konnte. Seine Vorgeschichte wurde aus den Annalen der Partei, seine frühen Texte wurden aus Bibliotheken, auf den Fotos wurde sein Gesicht getilgt.

10. Die Berührungsangst vor Renegatenliteratur war bei der westdeutschen neuen Linken besonders groß. Man hat den Antikommunismus den Antikommunisten überlassen.

11. »Daß du deine vielleicht berechtigte Kritik gerade heute, in dieser schwierigen Situation veröffentlichst, ist Verrat« – ein Stereotyp, das zu allen Zeiten, nicht nur im Nationalsozialismus galt. Die Lage war immer kritisch, der Gegner immer schon »faschistisch« (»Faschist« war in der Komintern-Theorie ein Synonym für »Feind des Kommunismus«).

12. Man schlug auf die Renegaten ein, um eigene Ahnungen und eigenes Wissen zu verleugnen. Renegatentadel war vornehmlich eine Aufgabe der Parteiintellektuellen. Weil man die eigenen Zweifel an jenen bekämpfte, die sie laut aussprachen, wuchs der Graben zum denunzierten »Renegaten- und Dissidentenpack«, obwohl die Nähe oft evident war.

Auf diese Nähe und damit auf die Geschichte der Faszination des Stalinismus will ich im folgenden genauer eingehen.

Thomas Mann verband in seinem Tagebuch (Februar / März 1919) die Haßrede auf das »Bündnis des radikalen Literatentums mit dem Gesindel« der Münchner Räterepublik mit einem hoffnungsvollen Blick auf das kommunistische Rußland; Siegfried Kracauer wußte 1920, daß die »Zukunft« den Namen »Rußland« trägt; Armin Theophil Wegner zitierte 1928 in seinem bislang unveröffentlichten Reisenotizbuch Clara Zetkin: »Zieh Deine Schuhe aus, denn Du betrittst heiligen Boden, den Boden der Revolution«; eine »neue, heilige Welt«, in welcher das »Ethos der Bergpredigt« gilt, betrat auch Arthur Holitscher auf seiner Rußlandreise (1928); und noch Trude Richter, deren Lebensgefährte Hans

Günther im Durchgangslager Wladiwostok 1938 ums Leben kam, hielt nach fast 20 Jahren eigener Lagerhaft fest, daß der russische »Humusboden« für »Menschengewächs« wie Günther geeignet war.

Den meisten Beschwörungsformeln aus der Nähe und der Ferne ist gemein, daß ihnen das Faktische eine vernachlässigbare Größe war – auch Reisen nach Rußland bewirkten nur selten eine Korrektur des Bildes. Es war die Idee von Rußland und dem Bolschewismus, in der Elemente einer alten Faszination fortlebten. Die Idee vom neuen »heiligen Land« im Osten, bald personifiziert in den Übervätern Lenin, Trotzki und Stalin, ließ die konkreten Nachrichten vom Terror der ersten Jahre (der in Publikationen von Sergej Melgunow bis Isaak Steinberg dokumentiert war) und vom späteren Terror Stalins, den die Renegatenliteratur dokumentierte, vergessen oder von der angsterfüllten Situation des Moskauer Exils absehen – in vielen deutschen Traumbildern von Sowjetrußland war der Terror freilich eine notwendige Größe. Die Rede ist vom »entfesselten idealen Willen« (Alfons Paquet), und selbst der Vorwurf wird laut, daß die Tscheka »nicht radikal genug austilgte« (Holitscher). Gerade der Terror schien Ausweis moralischer Größe und Überlegenheit; nicht der Zweck sollte die Mittel heiligen, sondern die blutigen Mittel, der heilige Terror bewies die Größe des Ziels. Wo bei Piscator und anderen sich die Hoffnung auf den Weltfrieden mit dem Blick auf die russische Revolution verband, rief der Katholik Johannes R. Becher der jungen »Sowjet-Republik« 1917 zu, hart und kämpferisch zu sein: »Nie –: Vergebung weich! An dir, mein Volk, kann nur die Welt gesunden« (*Gruß des deutschen Dichters an die Russische Föderative Sowjet-Republik*); 1931 feierte er Prozeß und Terror und sang das Loblied der GPU als »Auge der proletarischen Revolution« (*Der große Plan*).

Wenn Willi Bredel während der großen Verhaftungswellen 1937 an Oskar Maria Graf schrieb, »wie schön es jetzt in Moskau sei, und wie glücklich sie alle leben«, wenn Becher nach mehrfachen Suizidversuchen der lebensrettenden Sowjetunion dankte, dann geht es nicht einfach um propagandistische Lügen, dann setzt sich das Bild gegen alle Realitäten ins Recht. Bemerkenswert bleibt, daß die Faszination des Marxismus für die deutschen Intellektuellen ihre entscheidende Zäsur nicht in theoretischen Positionen und deutschen Ereignissen, sondern im Sieg der Bolschewiki 1917 in Sankt Petersburg hat. Allerdings hat sich der Blick erst allmählich auf den »neuen Osten« (Paquet) gerichtet: Die Enttäuschung nach den gescheiterten deutschen Aufständen von 1919, 1920 oder 1923 stärkte die Identifikation mit Sowjetrußland und den dort entdeckten Prozeß der »geistigen Erneuerung«, wobei Isaak Steinbergs Forderung (1930 in der *Weltbühne*) nach Differenzierung der Sympathien meist ungehört blieb: Galten sie »dem russischen Arbeitervolke, der Oktoberrevolution oder dem jeweils existierenden bolschewistischen Regime«? Die deutschen Arbeiter, so berichtete Becher im September 1919 seinem Freund Harry Graf Kessler, »faßten die ganze Revolution nur als ein Mittel auf, zu Autos und seidenen Strümpfen zu kommen. Revolutionär sei der deutsche Arbeiter nur, wenn er Hunger habe. Eine kommunistische Revolution in Deutschland wäre nur möglich, wenn die Verbindung mit Rußland hergestellt werde, mit russischen Führern und russischen Rotgardisten.«

Mit dem ersten sowjetischen Fünfjahrplan und der deutschen Wirtschaftskrise wuchs dann erneut die Bereitschaft zum Glauben an die russische Heilkraft, die auch die Lösung für die sozialen Konflikte und politischen Konfrontationen in Deutschland verhieß.

In der *Linkskurve*, dem Organ des deutschen »Bundes der proletarisch-revolutionären Schriftsteller«, der sich nach sowjetrussischem Vorbild ausrichtete, die »Russische Assoziation proletarischer Schriftsteller« an Radikalität anfangs aber übertraf, wurde im Dezember 1929 Boris Pilnjak der Prozeß gemacht (nachdem eine deutsche Delegation mit Becher an der Spitze aus Moskau zurückgekehrt war, wo Pilnjak Mitte September den Vorsitz im Allrussischen Schriftstellerverband verloren hatte). Seine Novelle *Mahagoni* war im März 1929 auf russisch im Berliner Petropolis-Verlag erschienen, der in der sowjetischen Presse nun als »Verlag der Berliner Weißgardisten« bezeichnet wurde, obwohl dort auch Autoren wie Michail Scholochow oder Konstantin Fedin publizierten. Die Novelle erhält den Stempel »konterrevolutionär«, nicht weil man dem Autor Fälschung oder Unwahrheit vorwirft, sondern weil Pilnjak es unterlasse, »die treibenden Kräfte« in Sowjetrußland zu schildern – diese sind im vorausgegangenen Heft der *Linkskurve* mit dem Titel »Das russische Wunder« versehen worden. Nach ähnlichem Muster wurden in der Zeitschrift Romane von Alfred Döblin bis Heinrich Mann verfolgt. Otto Biha, der Autor des Pilnjak-Artikels, schloß seine Attacke mit der Drohgebärde eines Machtpolitikers: »Und wenn wir auch noch nicht die Macht haben, die Pilnjaks bei uns zu beseitigen, so können wir sie wenigstens entlarven und ihr wahres Gesicht enthüllen.«[2]

Im April 1931 wurde im *Tagebuch* Heinrich Mann dann von der Linken in Schutz genommen und Gottfried Benn wegen seiner Geburtstagsrede für Mann gerügt, weil er den Dichter, nicht aber den Politiker Mann, der den ersteren an Bedeutung überträfe, gelobt habe. Der Autor berief sich dabei auf Döblin, Arnold Zweig und Bertolt Brecht; Heinrich Mann schrieb nach der Attacke an Benn: »Die Politisierung, zu der es inzwischen gekommen ist, brauchen weder ich noch die Literatur.«[3] Was sich in diesen Verurteilungen spiegelt, ist nicht eine Politisierung der Literatur, die ihre gesellschaftliche Bedeutung reflektiert, sondern die Etablierung einer literaturfeindlichen Zensurmacht, der sich Schriftsteller verschrieben, indem sie sich als Politiker imaginierten und als solche schrieben oder schwiegen. Alfred Döblin  berichtet Hermann Kesten 1941 von seinem Gespräch mit Lion Feuchtwanger: »Als ich ihm neulich sagte, daß ich jede Diktatur ablehne, und die von links nicht weniger als die von rechts, da meinte er, ich brauche nichts zu fuerchten, im Links-Deutschland wuerden Heinr. Mann und – er, L. F., bestimmen, was gedruckt wuerde und was nicht.«

Der Bolschewismus versucht nach 1917, Literatur zu einem Hilfsorgan der großen Bewegung zu transformieren, und gleichwohl wird die Literatur mit Mißtrauen beobachtet, da ihr Anspruch auf Autonomie, auf eine Position jenseits der Nutzeffekte, nicht vergessen ist. Lenin hatte in seinem Aufsatz »Parteiorganisation und Parteiliteratur« von 1905, der 1929 in der *Linkskurve* als programmatische Schrift entdeckt wurde und auf den Stalin sich in den dreißiger Jahren berief, bereits die Parole »Nieder mit den parteilosen Literaten! Nieder mit den literarischen Übermenschen!« angestimmt, und zu erwartende Einwände gegen sein Bild von der literarischen Tätigkeit als »Rädchen und Schräubchen« der »allgemeinen proletarischen Sache« als »Ausdruck von bürgerlich-intellektuellem Individualismus« abgetan. Seine Forderung hieß: »Verlage und Lager, Läden und Leseräume, Bibliotheken und Buchvertriebe – alles dies muß der Partei unterstehen und ihr rechenschaftspflichtig sein.« Karl Radek forderte 1934, als Lenins Forderungen in Sowjetrußland längst in die Tat umgesetzt waren, in seiner Attacke gegen James Joyce und Marcel Proust den Nutzeffekt der Kunst, den er bei seinen Feinden im Feld der literarischen Moderne nicht finden konnte: »Prousts Salonhelden dagegen schreien einem förmlich ins Gesicht, daß sie keiner Analyse wert sind.« Er forderte, daß, statt Prousts Fähigkeit zu rühmen, sieben Gerüche gleichzeitig voneinander zu scheiden, man besser daran täte, »helle, saubere Arbeiterhäuser zu bauen«.

Der Prozeß gegen die Literatur wird – im Namen des Proletariats – von Intellektuellen und Schriftstellern geführt. Radek hatte 1930 einleitend zur deutschen Ausgabe von Boris Pilnjaks Roman *Die Wolga fällt ins Kaspische Meer* erklärt, daß die künstlerische Autonomie eine bürgerliche Phrase sei: »Niemals haben wir die ›Freiheit der Kunst‹ versprochen, wie wir die Freiheit des Waffenschmuggels, des Kokainhandels niemandem versprochen haben. Das Verbot eines Kunstwerks, mag es noch so herrlich sein, ist bei uns Barbaren selbstverständlich, wenn es der Revolution schädlich ist.« Er skizzierte Pilnjak als Typus des »Mitläufers«, der nicht in der sozialistischen Revolution und dem Proletariat verwurzelt sei; doch für Pilnjak spreche, »daß der Verurteilte meinen Rechtsstandpunkt teilt«. Radek schloß: »Pilnjak steht auf dem Scheideweg. Möge er wählen.«

In den Jahren der verordneten Volksfrontstrategie wird dieser Prozeß noch einmal verschleiert. Ihren Probelauf erfährt die neue Parole der Volksfront auf dem Moskauer Allunionskongreß der Sowjetschriftsteller 1934. Die Euphorie der geladenen deutschen Autoren war groß (nicht nur im Rücken eines Deutschland, das den besseren Teil seiner Literatur verbrennen und den restlichen durch das Reichspropagandaministerium verwalten ließ). In den Kongreßberichten der deutschen Besucher wird nicht das Szenario einer staatlichen Organisation von Literatur analysiert, statt dessen wird in romantischen Bildern die sinnliche Präsenz der Lesermassen gefeiert – die Leser heben als Auftraggeber und zugleich als Kritiker die Anonymität des literarischen Marktes auf. Oskar Maria Grafs kluger Blick verschleiert sich dort, wo er »die innige Verbindung des Schriftstellers mit der Masse«[4] feiert. Er schildert in seinem Reisebericht beispielsweise André Malraux in einer langen Diskussion mit »ehemaligen Dieben, Raubmördern, Einbrechern und Betrügern«, die alle Malraux' jüngstes Buch gelesen haben, auf französisch mit ihm disputieren und ihm eine schriftliche Antwort auf seine Thesen mitgeben – auf französisch. Noch der kritischste Beobachter, Klaus Mann, bekennt Becher: »In diesem Lande muß ein

Schriftsteller glücklich sein können.«[5] Der Schriftsteller sieht sich von seinen Lesern auf ein priesterliches Podest gehoben; seinen Werken wird, um den Preis der literarischen Unabhängigkeit, die ersehnte soziale Nützlichkeit attestiert und eine zentrale Bedeutung im historischen Prozeß zuerkannt, zu einem Zeitpunkt, der neben dem existentiellen Elend die Vertreibung aus der Sprachheimat und den Verlust der früheren Leserschaft markierte. Wenn Sergej Tretjakow nun auf dem Kongreß forderte, daß den sowjetischen Schriftstellern nicht gleichgültig sein dürfe, was ihren emigrierten Kollegen aus Deutschland geschehe: »In Erschrecken muß es jeden versetzen, wenn er hört, daß sich die Arbeitsbedingungen für Brecht oder die Seghers verschlechtern«, dann war das eine tröstliche Melodie in den Ohren jener, die vertrieben waren.

Im Negativen hatte die Reaktion des Weimarer Staates mit Zensur und strafrechtlicher Verfolgung bereits die Bedeutung des KP-Schriftstellers aufgewertet: Becher etwa maß seine literarische Bedeutung im Moskauer Exil an den Strafverfahren, die der preußische Staat ihm beschert hatte. Der Autor als »Ingenieur der menschlichen Seele« erhält einen verantwortlichen Platz am Schaltpult sozialer Prozesse zugeordnet; aus dem Staatsoppositionellen wird der Exeget parteilicher Beschlüsse und der Exekutor der Parteimacht. Impliziert ist mit dem Stalin-Wort, das auf dem Kongreß von Andrej Shdanov zitiert wurde, daß dem Autor-Ingenieur nicht mehr die Position eines bloßen »Augenzeugen« zugebilligt wurde[6], und daß Stalin die Schriftsteller auch wie jene Ingenieure zu verfolgen gedachte, die der Wirtschaftssabotage bezichtigt waren.

Ein Unterschied zwischen der Verfolgung von Schriftstellern in der Weimarer Republik und in Moskau ist denn auch, daß erstere wegen »literarischen Hochverrats«, letztere wegen »politischer« Verbrechen verfolgt werden, was im ersten Fall Druckverbot, im Falle Becher auch dreitägige Haft hieß, im anderen das Todesurteil bedeuten konnte. Der Terror des Nazisystems schließlich umfaßte im Blick auf die Literatur die Errichtung von Scheiterhaufen für Bücher, die »Säuberung« von Dichter-Akademien, das Verhängen von Berufs- und Druckverboten oder die Schließung von Verlagen, doch die Schriftsteller in den Gefängnissen und Konzentrationslagern waren dort (wie Mühsam oder Ossietzky) als politische Leitfiguren, nicht wegen ihrer literarischen Schriften interniert. Nicht um eine Relativierung des Naziterrors geht es bei diesem Vergleich – die Nazis vertrieben ihren ›inneren Feind‹, später internierten und vernichteten sie ihn –, sondern um das Spezifische des Terrors der Stalin-Ära: Etwa 2000 Schriftsteller wurden unter Stalin verhaftet, 1500 von ihnen verschwanden in Lagern und Gefängnissen.

Die Hoffnung auf die »antifaschistische Kraft« Sowjetrußlands wurde auf dem Moskauer Kongreß 1934 groß geschrieben und stand für die vollzogene Transformation des Objekts gläubiger Hoffnung vom Marxschen »Proletariat« zum »Vaterland der Werktätigen«; die überlebensgroßen Plakate von Gorki und Stalin im Sitzungssaal (in dem zwei Jahre später die Schauprozesse inszeniert wurden) waren Sinnbild der propagierten Einheit von »Geist und Macht«, die auch Gottfried Benn verwirklicht sah – am anderen politischen Pol (*Züchtung*, 1933). An dem Moskauer Kongreß, der am ersten Tag als Grußadresse an Stalin der Einheit von »Geist und Macht« die Wendung gab: »Unser Gewehr ist das Wort. Diese Waffe bringen wir in das Arsenal des Kampfes der Arbeiterklasse«, nahmen auch solche sowjetischen Autoren teil, die teils lange im Exil, teils von der Kulturpolitik ins Abseits gestellt waren. Unter ihnen auch Boris Pilnjak – Anfang Oktober 1937 wurde er dann verhaftet, im April 1938 schwerer *politischer* Verbrechen angeklagt und von einem *Militärgericht* in fünfzehnminütigem Gerichtsverfahren zum Tode verurteilt und noch am selben Tag erschossen.

Doch zur Aufladung der Rolle des Schriftstellers als Priester des Systems – hier wäre eine weitere Unterscheidung zum NS-System auszumachen – gehörten nicht nur die Demonstration der integrativen Macht im Namen einer Volksfront und die Feier der Autoren durch die Lesermassen vor den Toren des Moskauer Kongreßhauses, sondern auch Banales wie die Verheißung hoher Auflagen. Jean Richard Bloch hatte auf dem Pariser Schriftstellerkongreß »zur Verteidigung der Kultur« 1935 an die Vertreter Sowjetrußlands das Wort gerichtet: »Ihr schenkt ihm [dem Schriftsteller] ein Publikum von 170 Millionen Lesern«, und Sergej Tretjakow beschwor 1937 eine Armee, die Lion Feuchtwanger zu Lesern verhilft: »Und ich glaube, der auf den Barrikaden Spaniens kämpfende und fallende Soldat der Volksmiliz… und Alexej Stachanow, der aus seinem Stollen erstaunliche Mengen Kohlen zutage fördert – sie alle sind Soldaten einer großen Armee, und sie kämpfen auch dafür, daß Feuchtwanger mit seinen Werken nicht nur Hunderttausende, sondern hundert Millionen erreicht.«

Thomas Mann lieferte in einem (bislang verschollen geglaubten) Brief an Becher, der den Kongreß in Paris ins Auge faßt, einen weiteren Hinweis auf die Euphorie: »Sie wissen besser als ich, dass der Moskauer Kongress sehr generös finanziert worden ist, dass die Schriftsteller für Reise und Aufenthalt eingeladen und versorgt waren. Kann dies in Paris nun nicht geschehen, ... so fürchte ich, dass ausser den in Paris ansässigen deutschen Literaten und einigen französischen sympathisierenden [sic!] nicht viele Besucher zu erwarten sein werden.«[7]

Mann, der Becher eingangs in Freudscher Offenheit »für Ihre freindlichen Zeilen« dankt, illustriert, was von kommunistischer Seite die »organisatorische Grundlage« für die Entwicklung einer sozialistischen Literatur genannt wird.[8] Überhaupt spielt die Finanzierung eine nicht unbeträchtliche Rolle. Becher schreibt an Willi Bredel nach Moskau: »Heinrich Mann ist gewonnen. ... Schickt ihm jetzt 5000 Goldrubel.« Der »neue Typus des Schriftstellers«, von dem in Sowjetrußland und im BPRS gesprochen wurde, hatte nichts *mehr* zu fürchten als die Nähe zur Wirklichkeit. Pilnjak fiel wegen einer Novelle, die die Zensoren an das Schicksal des Bürgerkriegshelden Michail Frunse erinnert, in Ungnade (»Geschichte vom nichtverlöschten Mond«, 1927); Béla Balasz mußte gegenüber seinem Moskauer Verlag den Vorwurf entkräften, er habe die Protagonistin seines Romans *Karlchen, durchhalten* (1936) nach dem Vorbild der »Linksabweichlerin« Ruth Fischer gestaltet (was eine Heroisierung der »Parteifeindin« bedeutete), weil er seine im Untergrund kämpfende Heldin wie Fischer von ihrem Kind getrennt leben läßt.[9]

Das erste Schisma, das (nicht nur) die deutschen Autoren bewegte, war André Gides kritischer Rußlandreisebericht *»Retours de L'URSS«* von 1936, den Louis Ferdinand Céline ob seiner prosowjetischen Tendenz tadelte und den Leo Trotzki ob seines realistischen Blicks lobte; Gide hatte mit der Publikation gezögert, weil er ahnte, daß sein Bericht als Verrat gewertet würde. Sein Erscheinen machte denn auch den Feierreden auf den Autor, die nicht auf Lektüre von Gides Romanen basierten, sondern auf des Autors Annäherung an KP-Positionen, in der Moskauer Presse ein jähes Ende. Eine Flut von Beschimpfungen brach über den französischen Gast herein, wobei sich jene wie Alfred Kurella beweisen mußten, die den Autor unvorsichtigerweise zuvor gelobt hatten. Bemerkenswert war auch hier, daß man dem »Renegaten« Gide in der Regel nicht Lüge vorwarf, sondern inopportunes Verhalten: Verrat an den Feind. Hermann Budzislawski unterstrich 1937 in seiner *Neuen Weltbühne* gegen Klaus Manns vorsichtige Verteidigung Gides, daß den Nazis damit kostenloses Material geliefert worden sei; die Verteidiger Gides sind für ihn »politische Kinder«, und deren Verlangen, »sämtliche erreichbare Wahrheiten« auszusprechen, nennt er »eine unsinnige Forderung«.

Für diese Verurteilung war Lektüre nicht notwendig, eher hinderlich. Asja Lacis, die Walter Benjamin aus Moskau mehrfach aufgefordert hatte, Gides Hilfe in Anspruch zu nehmen für die geplante Reise in die Sowjetunion, schildert Benjamin empört Gides Verrat (sie schreibt »Schid«, was an das russische antisemitische Schimpfwort »Shid« erinnert), und dieser schreibt im Dezember 1936 an Margarete Steffin nach Moskau: »Während meiner Abwesenheit ist das Buch von Gide... erschienen. Erschienen nicht nur in Buchform, sondern in zahllosen Auszügen in der Presse der Faschisten verbreitet. Gelesen habe ich es noch nicht. ... Was mich betrifft, so mißbillige ich das Buch, ohne es noch zu kennen. Ohne auch zu wissen, ob, was darinnen steht, zutrifft und ob es entscheidend ist. Indem ich das letztere unterstelle, kann ich doch keineswegs davon absehen, daß die Haltung des Mannes, der sich, zu diesem Zeitpunkt, auf den Weg macht, um nun mal nachzusehen, wie die Sache da eigentlich aussieht, eine Dupierung darstellt. ... Im übrigen könnte der exakte politische Zweck ja nur in einer trotzkistischen Linie liegen.« Steffin antwortet Benjamin, daß auch Brecht seinen Artikel über Gide noch vor der Lektüre des Buches verfaßt und glücklicherweise nicht veröffentlicht habe.[10]

Was bei den Invektiven wegen Gide mitbedacht sein muß, sind die zeitgleichen unsichtbaren »Massensäuberungen« in der Sowjetunion (ein Feldzug gegen die eigene Bevölkerung) und die öffentliche Inszenierung der Schauprozesse, auf deren Anklagebühne nicht mehr Oppositionelle, sondern loyale Genossen aus den Anfängen der Revolutionszeit stehen: Sündenböcke.

Als Sündenböcke fungierten bereits die Angeklagten der frühen Schauprozesse, etwa gegen die sogenannte Industriepartei, oder die Beschuldigten der nichtöffentlichen Gerichtsverfahren wie gegen 48 »Spezialisten«, gegen deren Hinrichtung 42 deutsche Schriftsteller

und Wissenschaftler, darunter Heinrich Mann, Arnold Zweig und Jakob Wassermann 1930 protestiert hatten. Die Kontroverse in deutschen Blättern nahm bereits viele der Argumente vorweg, die 1936
wiederholt wurden, und Bruno Frei als Partei-Inquisitor wies Arnold
Zweig in der *Weltbühne* nach, daß er »objektiv« die Kriegstreiber gegen die Sowjetunion unterstütze und sich »auf die Seite der Saboteure
des sozialistischen Aufbaus gestellt« habe. Carl von Ossietzky kommentierte damals: »Und zu allem Unglück läuft noch mancher deutscher Parteigänger des Kommunismus in einem wahren Blutrausch
herum und klaubt Zitate zusammen, um da noch wissenschaftlich zu
definieren, wo die schlichte Empirik des Henkers die Schlußpointe
setzt.«[11]

Lion Feuchtwanger, Alfred Kantorowicz oder Gustav Regler waren
Besucher der Schauprozesse von 1936; ersterer hat in *Moskau 1937*
nicht nur die Todesurteile verteidigt, sondern auch die Kritiker des
Terrors als schlechte Antifaschisten denunziert (in den Augen Ernst
Blochs freilich nicht scharf genug). »Wir alle befinden uns in einer
Atmosphäre des ungewöhnlichen Vertrauens, der Liebe, der Warm-
herzigkeit Stalins, der Zeit findet, drei Stunden mit Feuchtwanger zu
reden und über die Rolle der Literatur spricht«, sagte Sergej Afinoge-
now in einer Sitzung des Präsidiums des Vorstandes des sowjetischen
Schriftstellerverbandes am 25. Januar 1937. In einem Brief an Heinrich
Mann, in dem es um die Gründung einer Volksfrontgruppe geht, will
Feuchtwanger die Programmpunkte dann so setzen, daß »die Anhänger der albernen Anti-Sowjet-Politik« von vornherein ausgeschlossen
wären.

Die Auseinandersetzung um André Gides Buch, die in die Zeit der
Schauprozesse fiel, war Symptom für die Polarisierung innerhalb der
deutschen Emigration. Kritiker wie Hans Sahl, Kurt Hiller oder Heinz
Pol trennten sich im Verlauf der Schauprozesse von Hermann Bud-
zislawskis *Neuer Weltbühne*, Befürworter wie Egon Erwin Kisch,
Heinrich Mann oder Lion Feuchtwanger sagten sich von Leopold
Schwarzschilds *Neuem Tagebuch* los. Aus KP-nahen Zeitschriften wa-
ren »zuverlässige Zentralorgane« geworden; Willi Münzenberg
schrieb in der *Zukunft* (September 1939) von einer »ausgehaltenen
Presse«. Ernst Ottwalt träumte 1933 davon, Klaus Manns Blatt *Die
Sammlung* in den Wind »schiessen zu lassen«, was »die gesamte Lite-

raturarbeit in Westeuropa in unsere Hände legen würde«.[12] Störende
Organe wie die *Neuen deutschen Blätter (NDB)* wurden aufgelöst;
Oskar Maria Graf schreibt an »Eure Eminenz«, Johannes R. Becher,
Redakteur der Moskauer *Internationalen Literatur (IL)*:
   »Du scheibst, die IL ist die einzige literarische antifaschistische Zeitschrift, die uns bis jetzt geblieben ist. Das stimmt auffallend, insonder-
heit, daß man ja... die NDB kläglich eingehen liess..., nur weil man
allem Anschein nach kein Interesse daran hatte, ausserhalb der SU eine
antifaschistische Kultur- und Literaturbasis in aktuellerem Sinne, als es
die IL ist und je sein kann, aufzubauen und zu halten.«[13] Bredel hatte
schon zuvor selbstkritisch angemerkt: »Man hat, jawohl man hat die
NDB etwas leichtfertig torpedieren helfen, als man glaubte, ein neues
Goldstück schon in der Hand zu haben.«[14]
   Feuchtwanger, dessen Reisebericht ein Versuch war, Gides Wirkung
entgegenzuarbeiten, berichtete stolz von seinem Erfolg, der nicht länger
in literarischen, sondern in politischen Kategorien gemessen wurde:
»*Moskau 1937* scheint sehr starke Wirkung zu tun, vor allem in England
und Amerika. Natürlich werde ich wegen des Buches ungeheuer attak-
kiert..., im ganzen glaube ich, daß das kleine Buch vieles wieder gut
gemacht hat von dem, was Gides Buch kaputt schlug.«[15] Margarete
Steffin zweifelte, ob der »kluge Feuchtwanger« seine Publikation, die
man ihm »quasi aus der Nase gezogen hat..., nie bereuen« werde.[16]
Feuchtwanger fragte später seine Geliebte, die mit ihm nach Moskau
gereist war, ob sie wisse, warum er ein so scharfes Buch über die Reise
geschrieben habe, und antwortet selbst: »Weil es eine scharfe Zeit war.«
   Der Glaube an politische Berufung fällt zusammen mit der Aufrü-
stung der Rolle des Schriftstellers im »gesellschaftlichen Plan«. Die
intellektuellen Tugenden der Skepsis, der Zersetzung, der Selbstkritik
und das literarische Selbstverständnis wurden der politischen Selbst-
aufwertung geopfert. Literarische Debatten wie über »Expressionis-
mus« und »Realismus« standen unter dem Primat politischer Taktik.
Selbst Brecht setzt in seinem unveröffentlichten Gide-Artikel einen
Glaubenssatz gegen den französischen Autor: In der Sowjetunion sei,
was Gide nicht wahrnehmen könne, das neue Individuum entstanden.
Er erklärt: »Aber die Generallinie der Partei steht jenseits der Kritik...
Tatsächlich wird die Generallinie der Partei nicht in Zeitungsartikeln
kritisiert und nicht von plaudernden Gruppen an Kaminen festgelegt
oder umgeworfen. Es erscheint kein Buch gegen sie.«

Der Intellektuelle entmündigt sich hier selbst und setzt Glaubenssätze gegen jenes Wissen, das er etwa im *Arbeitsjournal* oder in den Gesprächen mit Benjamin dokumentiert hat: Brecht nahm auch die Entmündigung wahr: an seinen Gegnern. Sein Urteil über die Moskauer Emigranten »Lukács, Gabor, Kurella«, die Anti-Brecht-Fronde, vertraute er 1938 Walter Benjamin an: »Die Produktion ist ihnen nicht geheuer. Man kann ihr nicht trauen. Sie ist das Unvorhersehbare. Man weiß nie, was bei ihr herauskommt. Und sie selber wollen nicht produzieren. Sie wollen den Apparatschik spielen und die Kontrolle der andern haben. Jede ihrer Kritiken enthält eine Drohung.«[17]

Daß Kritiken mehr als nur Drohungen waren, sondern Urteilssprechungen gleichkamen, war den Moskauer Emigranten geläufig.[18] Auch der spätere Renegat Ernst Fischer hat in Moskau seine Produktivität unter Parteidiktat gestellt; er entsagte der Literatur und floh in Studien der Physik oder Biologie. Nach dem Pakt ließ er in seiner Studie zur »Rassentheorie« das Kapitel zur »Judenfrage« fort; nach dem Kriegsbeginn mußte er dann im Kontext der Anstrengung einer sowjetischen Zusammenarbeit mit den USA noch einmal ein Kapitel streichen, nunmehr das zur »Negerfrage«.

Brecht, der in den NKWD-Akten als »Trotzkist« geortet war, übte im Westen Selbstzensur; sowohl seine Verteidigungen des Stalinismus als auch seine späten Attacken auf Stalin sind am Schreibtisch geprobt und in der Schublade aufbewahrt worden. Vermutlich 1938/39 entwarf er einen diplomatischen Brief an Georgi Dimitroff im Blick auf die verschwundenen Emigranten in der Sowjetunion, möglicherweise ein Rettungsversuch für Carola Neher. Der (inzwischen in *Sinn und Form* veröffentlichte) Entwurf fällt dann der Selbstzensur zum Opfer: »...jedoch wird es häufig als bedrückend empfunden, dass die angehörigen von inhaftierten [behaupten] auf keinerlei fragen antwort erhalten [zu] können. ich selber empfinde es mitunter als bedrückend, dem scheusslichen und von der bourgeoisen presse weidlich ausgenützten gerede vom ›spurlosen verschwinden von menschen in der soviet union‹, von den ›geheimen kellern des lubjanka-gefängnisses‹, von den ›klagen greiser mütter‹ [...] nichts entgegensetzen kann« [sic!]. Brecht fügt beschwichtigend hinzu – später strich er diese Passage: »man wird allgemein verstehen, dass die SU nicht verpflichtet ist, ihre gerichtspraxis nach den vorurteilen kapitalistischer staaten zu führen.«

Diese beklemmende diplomatische Schlußwendung, die nicht als direkte politische Stellungnahme gewertet werden kann, da sie ihrer Wirkungsabsicht verpflichtet ist, verbirgt doch jene Glaubensformel, die Benjamin als »Brechtsche Maxime« notiert hat: »Nicht an das gute Alte anknüpfen, sondern an das schlechte Neue.«[19]

Weil ihrer Rolle politische Bedeutsamkeit beigemessen wurde, sehen viele Autoren in den dreißiger und vierziger Jahren ihre literarischen Arbeiten vor allem unter dem Gesichtspunkt politischer Kriterien. Es mag nach Eitelkeit klingen, wenn Becher hinter dem Nichtabdruck eines seiner Gedichte eine politische Intrige vermutete, wenn Julius Hay den fahrlässigen Umgang mit seinen Stücken zum politischen Verrat erklärte[20], oder wenn Kisch gegenüber Anissimow beklagte: »Ich benütze die Gelegenheit, Ihnen zu sagen, wie traurig ich darüber bin, daß in der Sowjetunion meine Bücher nicht den gleichen Erfolg haben wie in allen anderen Ländern der Welt«[21] – tatsächlich melden sich hier die Schriftsteller zu Wort, die den politischen Rang ihrer Texte im Auge haben. Sie verstehen sich als »Vermittler« zwischen der Masse und dem Führer oder als »Übersetzer«, wofür die Position scheinbarer Unabhängigkeit (keine Mitgliedschaft in der Partei) von Vorteil war. Jene im Moskauer Exil mußten zudem in Furcht leben, daß in ihren literarischen Texten der »trotzkistische Bazillus« entdeckt wurde. Eine nicht erkannte Parallele zur verborgenen Wirklichkeit, ein »verdorbenes« Zitat, ja selbst das richtige Resultat, wenn es über einen falschen Weg erreicht wurde, konnte tödliche Folgen zeitigen. Der Entwicklungsroman über einen Trotzkisten, der schließlich zu Stalin findet, konnte als raffinierter Versuch »entlarvt« werden, trotzkistische Positionen zu verbreiten. Becher schreibt im März 1936 an Karl Schmückle: »Nein, es fällt einem gar nicht ein, hier eine Feder zu führen, wenn man weiß, daß, wer sie ergreift, durch sie umkommt.«

Widerstand wird laut im Namen der Literatur. Oskar Maria Graf lehnt es ab, seinen Roman *Abgrund* aus politischen Gründen »noch zu ändern«, wie Theodor Plievier oder Gustav Regler es nach Kurskorrekturen der Partei getan hatten; Plievier etwa »säuberte« nach dem Hitler-Stalin-Pakt seinen Roman *Das große Abenteuer* von Attacken gegen die Nazis. Wilhelm Pieck hatte als Zensor angemerkt, daß Grafs Roman seinen Titel »zu Recht« trage und »keinen Ansporn zum Weiterkaempfen« gebe.[22] Graf an seinen Moskauer Verlag:

»Ihre künstlerische Kritik scheint mir nur ein Vorwand zu sein für eine Taktik, die ich für falsch halte. … Sie haben das Buch lange genug in Händen gehabt, und es allem Anschein nach gründlich durchgesehen…, und jetzt kommen Sie nach so langer Zeit, kurz vor der Fertigstellung, mit grundsätzlichen Bedenken.«[23] Und im folgenden Brief: »Ich wiederhole, daß Euer Nichtantworten und Euer absichtliches Verzögern des Fertigdrucks meines Romans nur noch als Sabotage auszulegen ist.«[24]

Sabotage gegen eine Literatur, die *trotz* Stalin und Hitler entstand. Der neuerlich wiederkehrende Hinweis auf eine ›große Literatur‹ unter Stalin, der an Literatur unter Hitler nichts entgegenstünde, ist schlechte Polemik, nicht nur weil er die publizierte und die nicht publizierte Literatur der »inneren Emigration« wie die Werke der Exilliteratur pauschal unterschlägt, sondern auch weil der Blick auf die literarische Produktion der Emigration zeigt, wie wenig gerade das Moskauer Exil als Produktionsstätte getaugt hatte – im Klima der »revolutionären Wachsamkeit« und Repressionen ist dort gerade *ein* literarisch bemerkenswerter Roman entstanden: Theodor Plieviers *Stalingrad*, geschrieben auf Anregung von Johannes R. Becher, erschienen trotz massiver Widerstände kommunistischer deutscher und sowjetischer Funktionäre.

Auch Bertolt Brecht rebellierte gegen die produktionsfeindlichen Direktiven. In einem bislang unbekannten Brief von 1938 schrieb er an den Redakteur der *Internationalen Literatur*, Becher:

»Ich habe mit befremden beobachtet, wie in der *Internationalen Literatur* mehr und mehr mit langen und autoritativ geschriebenen artikeln eine ›literarische richtung‹ zu worte kommt, die den Begriff des sozialistischen Realismus, den wir für unseren antifaschistischen Kampf alle für notwendig halten, ausserordentlich eng und ganz und gar formal definiert, so eng und mit formalen kriterien von solcher Art, dass ein grosser Teil der zeitgenössischen revolutionären Literatur (darunter auch meine Arbeiten) nicht mehr als sozialistische, realistische Werke gelten können. … Die Leser kontrollieren, so beraten, nicht mehr, ob ein Werk die Wirklichkeit erfasst (meistert) und sozialistische Tendenz hat, revolutionäre Impulse gibt, sondern nur noch ob es einem ganz bestimmten Formideal entspricht. … Und da ich nicht Lust habe, mich in dieser Zeit in literarische Kontroversen (noch dazu mit politischen Freunden) einzulassen und angesichts des heraufkommenden grössten krieges aller zeiten formideale zu diskutieren, bleibt mir nur übrig, die mitarbeit an der *Internationalen Literatur* so lange einzustellen, bis diese formalistische kritisiererei einer ernsteren und produktiveren literaturbetrachtung platz gemacht hat. Ich bezweifle nicht, dass diese formale schulmeisterei, die mich sehr an den terror der unseligen RAPP erinnert, sehr bald an ihrer eigenen unproduktivität und weltfremdheit eingehen wird.«[25]

1936 urteilten viele nicht mehr als Schriftsteller, sondern als politische Strategen, die weniger ihr Schreiben denn ihr Verschweigen als Schachzüge auf dem großen Brett der Geschichte verstanden. Politkommissare sprachen Verdammungsurteile aus, Kommandostellungen an der literarischen Front wurden besetzt von geistigen Führern und Trägern des historischen Fortschritts. Während Egon Erwin Kisch (laut Ilja Ehrenburg) noch flüsternd fragte, ob es denn wahr wäre, daß Boris Pilnjak japanischer Spion sei, forderte Willi Bredel im August 1936 auf der Titelseite der *Deutschen Zentralzeitung*: »Tod den Agenten der Gestapo – der Trotzki-Sinowjew-Meute.« Unter den Vorzeichen von Revolution und Antifaschismus wurden Schriftsteller zu Exegeten einer mörderischen Machtpolitik, weil sie sich – auch oder gerade angesichts ihrer realen Ohnmacht gegenüber dem Nationalsozialismus – selbst als politische Machthaber oder ideologische Feldherren imaginierten, die endlich Paraden von offiziellen Tribünen aus sehen durften. Die Scheu des Intellektuellen vor dem Diktator schien besiegt, von Brecht bis zu Feuchtwanger, von Heinrich Mann bis zu Anna Seghers. Regler spricht in *Sohn aus Niemandsland* als Exkommunist von den Rußlandreisenden, die sich als »Staatsgäste« fühlen durften in einer Zeit, die den Schriftstellern ihre Bedeutungslosigkeit und ihr Versagen grell und bitter spiegelte, er erwähnt »die schmeichelnde Veröffentlichung der Photos in der Regierungszeitung Prawda«. Regler: »Der Wille zur Macht lauert in jedem; wer aber kann besser treten als der, der lebenslänglich getreten wurde!?« Zeitpunkt und Ort des Schreibens und die Differenzierung, was in offiziellen Organen und was aus Nachlässen publiziert wurde, sind ebenso zu beachten, wenn Heinrich Mann 1942 an den Moskauer Staatsverlag schreibt: »Ich wäre stolz darauf in der Soviet-Union wie sie heute ist, zu nützen und meine Pflicht zu tun.«[26] Dies hat angesichts des Kampfes der Roten Armee gegen die Nazi-Armee eine andere Bedeutung als

Feuchtwangers »Ja, Ja, Ja« nach dem Blick auf das Moskau der Schauprozesse oder als Manns spätere Elogen auf den »Intellektuellen« Stalin.

»Besonders tragisch ist das Leben vieler, die nicht einer Partei angehören oder im Laufe der Jahre ihre Partei verlassen haben und deshalb
von keiner Seite Hilfe bekommen«, so begründete Willi Münzenberg
1939 gegenüber einer »lieben Freundin«[27] sein Vorhaben, ein Komitee
»Menschen in Not« zu schaffen, um diesen zu helfen. Von diesem Komitee ist so wenig überliefert wie von Münzenbergs Kreis der »Freunde
der ZUKUNFT«, dem viele Exkommunisten angehört haben. Die Not
jener, die den Stalinismus bekämpften, reichte von Isolierung und Denunziation bis zu Verfolgung und Ermordung. Karl Retzlaw schrieb an
Erich Wollenberg: »Daß wir uns von den Stalinisten trennten, war
notwendig, aber es war gleichzeitig unser persönlicher und politischer
Selbstmord, das wusste ich, aber wie gesagt, es war notwendig.«[28]

Der Appell an literarische Produktivität und an intellektuelle Tugenden wird nach 1936 von einigen wenigen artikuliert, womit kein Rück-
zug in eine »innere Emigration«, keine Abkehr vom Politischen verbunden war. Die antistalinistische Literatur des Exils (zu der die Literatur der Renegaten gehört) ist lange weggeschoben worden; sie fiel
nach dem Krieg im Osten durch die Raster der Kulturpolitik, weil sie
die staatstragende Antifaschismuslegende empfindlich störte, und sie
wurde im Westen beiseite geschoben, weil sie nicht ins Bild einer sich
gegen die Verdrängungsleistungen der frühen Bundesrepublik formie-
renden kritischen Theorie paßte, die sich vor dem Antikommunismus-
Verdikt als Relikt des Kalten Krieges fürchtete. So fragmentarisch unser Wissen zu dem von der KPD dominierten Pariser »Schutzverband
deutscher Schriftsteller« (SDS) auch sein mag, so umfassend nimmt es
sich doch aus im Vergleich zu den Hinweisen, die wir bislang zu dessen
Gegengründung durch KP-kritische Exilautoren im Juli 1937, dem
»Bund Freie Presse und Literatur«, haben, dem unter anderen Leopold
Schwarzschild, Hermann Kesten, Walter Mehring und Hans Sahl an-
gehörten.

Als Vorstandsmitglied des SDS sollte Sahl 1937 eine Erklärung gegen Schwarzschild unterschreiben, den Herausgeber des *Neuen Tage-
Buch*, der Zeitschrift, in der die Stalinschen »Säuberungen« attackiert
wurden. Im Kampf der Pariser Exil-KPD gegen diese Kritik sollte

Schwarzschild als »Goebbels-Agent« entlarvt werden; Ernst Bloch kündigte seine Attacke als »Torpedo gegen Schwarzschild« an. Sahl verweigerte die Unterschrift, obwohl Anna Seghers, Hans Marchwitza und Manès Sperber ihn heftig bedrängten. Der spätere Exkommunist drohte ihm mit einem »Unglück«, das ihn treffen könne – »Du kennst ja die Partei.« Danach war Sahl an der Gegengründung des »Bundes Freier Presse und Literatur« beteiligt, die als Reaktion auf die mit Hilfe von politischer Intrige vollzogene Umwandlung des *Pariser Tageblatts* in die *Pariser Tageszeitung* erfolgte. Brecht forderte als Vorstandsmitglied des »Schutzverbandes« dazu auf, mit den Kommunisten zusammenzuarbeiten, da diese »immer jedes Opfer gebracht haben«, und Heinrich Mann bat Bruder und Neffen brieflich, vom »Klub der Sauberen« die Finger zu lassen.[29] Sahl, dessen autobiographischer Roman *Die Wenigen und die Vielen* die Geschichte des Widerstands beschreibt (das Buch ist bis in die achtziger Jahre hinein unbeachtet geblieben), sagte 1992 im Gespräch:

»Wir waren Hitler-Gegner und rechneten uns immer noch zur sozialistischen Linken, aber was uns zudem verband, war unser Widerstand gegen den Stalinismus samt seiner intellektuellen Fremdenlegionäre, und gerade weil wir uns als Schriftsteller verstanden, schlossen wir Kompromisse aus gegen ein Regime, das seine Dichter drangsalierte und ermordete. Wir waren in Paris eine anfangs verschwindend kleine Gruppe, zu der auch Arthur Koestler gehörte – es war eine kleine Minorität, die Hitler *und* Stalin bekämpfte. Wir, die Sozialisten von einst, waren nun um der Wahrheit willen, die am Anfang jeder Literatur steht, zu Bekämpfern jenes Stalinschen Sozialismus geworden, der mit dem Hitlerschen System so erschreckende Ähnlichkeiten zeigte.«[30]

Anmerkungen

1 Die zwölf Thesen zur Faszinationsgeschichte des Stalinismus basieren auf Recherchen in deutschen und russischen Archiven, die ich im Zusammenhang der Ausstellung »Moskau–Berlin« (Berlinische Galerie 1995) unternehmen konnte. Zum Kontext des Themas: Vitali Chentalinski, *La Parole Ressucitée. Dans les archives littéraires du KGB*, Paris 1993; Hans Günther, *Die Verstaatlichung der Literatur*, Stuttgart 1984; Gerd Koenen, *Die großen Gesänge*, Frankfurt a. M. 1991; Reinhard Müller (Hrsg.), *Die Säuberung*, Reinbek 1991; David Pike, *Deutsche Schriftsteller im sowjetischen Exil*, Frankfurt a. M. 1981; Michael

Rohrwasser, *Der Stalinismus und die Renegaten*, Stuttgart 1991; Hans-Albert
Walter, *Deutsche Exilliteratur 1933–1950*, Bd. 4, Stuttgart 1978.

2 Otto Biha stellt sich in seinen Erinnerungen als Opfer der Kritik »von seiten der
Ultralinken im BPRS« dar (Oto Bihalji-Merin, »Berlin – Ankunft und Abschied«,
in: *Berliner Begegnungen*, Berlin 1987, S. 552); vgl. Boris Pilnjak, »*Ehrlich sein
mit mir und Rußland*«. *Briefe und Dokumente*. Hg. v. Dagmar Kassek. Frankfurt a. M. 1994.

3 Vgl. den Kommentar von Klaus Theweleit, *Buch der Könige*, Bd. 2. Basel, Frankfurt a. M. 1995; S. 316 ff.

4 So der Titel von Oskar Maria Grafs Kongreßbericht in der *Deutschen Zentral-Zeitung (DZZ)*. »Der Sowjetschriftsteller aber steht mitten im Leben [...] und
kann seine Wirkung jederzeit überprüfen«, während der Schriftsteller im Kapitalismus vereinzelt und vereinsamt bliebe (*DZZ*, 4. 9. 1934).

5 Brief vom 22. 8. 1934 an J. R. Becher (Maxim-Gorki-Institut für Weltliteratur,
Moskau [= IfW], F 316/17).

6 »In jenem kolossalen Auf- und Umbau, der damals vor sich ging und bis heute
andauert, gibt es keinen Platz für einen ›Augenzeugen‹«, sagt Pilnjak 1936 in
seiner Verteidigungsrede vor dem Schriftstellerverband (Pilnjak, »*Ehrlich
sein...*«, a. a. O., S. 208).

7 Brief vom 30. 12. 1934; Zentrales Parteiarchiv Moskau (= ZPM), Becher-Briefwechsel (F 27).

8 Willi Bredel an Wilhelm Pieck, 28. 12. 1936 (ZPM, F 120): »Das Fehlen einer
literaturpolitischen Führung der antifaschistischen deutschen Literatur erklärt
manches Dilemma, so manche Unterlassungen und Fehler unserer antif. Literatur im Kampf gegen die faschistischen Kulturbarbaren.«

9 Balasz (Brief vom 2. 10. 1936 an Otto Bork, Vegaar, IfW, F 176) weist darauf hin,
daß der Fabel »ein tausendfaches Schicksal« zugrunde liege.

10 Brief Steffins an Benjamin vom 11. 2. 1937, Akademie der Künste (= AK), Nachl.
Benjamin 3/4–5.

11 Bruno Frei und Carl von Ossietzky in der *Weltbühne*, 26, H. 49 (2. 12. 1930). Vgl.
Ludwig Renn, *Rußlandfahrten*, Berlin 1932, S. 175 ff., *Das neue Rußland, Zeitschrift für Kultur, Wirtschaft und Literatur*, H. 7/8, 1930, S. 60–62.

12 Brief an Becher vom 25. 12. 1933 (Russisches Staatsarchiv für Literatur und
Kunst, Moskau [= RGALI], 631/13/50/80).

13 Brief an Becher vom 28. 3. 1936 (AK BA F 34), abgedruckt in: *Briefe an Johannes
R. Becher 1910–1958*, Berlin, Weimar 1993, S. 86 f.

14 Brief Bredels an Becher vom 15. 9. 1935 (ZPM, F 91).

15 Brief vom 13. 8. 1937 an P. Jonoff, Goslidat (IfW, F 318).

16 Brief an Walter Benjamin, 11. 2. 1937, AK, Nachl. Benjamin 3/4–5.

17 Walter Benjamin, *Versuche über Brecht*, Frankfurt a. M. 1966, S. 132; Brecht,
der als Mitherausgeber der Zeitschrift *Das Wort* zeichnete, konnte dort nachlesen, daß vom Kritiker gefordert wurde, »den Dichter und Schriftsteller nicht nur
zu loben oder zu tadeln, sondern auch ihn zu leiten« (Friedrich Timm: »Zu den
Fragen der antifaschistischen Literatur«, in: *Das Wort*, 2. Jg. [1937], H. 4–5,
S. 39 f.).

18 Der Schriftsteller Josef Schneider, während des März-Aufstands 1921 Adjutant

von Max Hoelz, wurde 1936 in Moskau verhaftet; in einer geschlossenen Partei-versammlung deutscher Schriftsteller in Moskau äußert sich Bredel über Schneider: »Er wurde betrachtet als einer der deutschen Schriftsteller in Mos-kau, ohne ihn hart und schroff zu erledigen. Das ist erst auf Grund einer Buchbe-sprechung des Genossen Günther erfolgt.« Bredel kritisiert dagegen eine Buch-besprechung Erich Weinerts, die es versäumt habe, einen Feind zu entlarven (Müller [Hrsg.], *Die Säuberung*, a. a. O., S. 334 f.).

19 Heiner Müller bedient sich der Maxime 1992, rückblickend auf West- und Ost-deutschland: »Diktatur um den Preis des Aufbaus einer neuen Ordnung, die vielleicht noch entwickelbar ist, eine Diktatur gegen die Leute, die meine Kind-heit beschädigt hatten. Das eine war für mich das alte Deutschland, und das andere war das wenn auch schlechte neue. Die Brecht-Formel: ›Ich bestehe dar-auf, daß dies eine neue Zeit ist, auch wenn sie aussieht wie eine blutbeschmierte alte Vettel.‹ Das war die Position, das schlechte Neue gegen das vielleicht be-queme Alte« (*Krieg ohne Schlacht*, Köln 1992, S. 181).

20 Brief an den Filmregisseur Hans Burger vom 14. 10. 1936 (Literaturarchiv Mar-bach, Nachl. J. Hay).

21 Brief vom 13. 8. 1938 (IfW 323).

22 Wilhelm Pieck an einen ›lieben Genossen‹, vermutlich in Vegaar (13. 1. 1936 / ZPM F 114).

23 Brief vom 20. 12. 1935 an Vegaar (IfW, F 176).

24 Brief vom 5. 7. 1936 (IfW, F 176).

25 Brief vom 8. 9. 1938 (RGALI), vgl. *Sinn und Form*, H. 5, 1995.

26 Brief vom 9. 10. 1942 (IfW, F 316 / 10).

27 Brief vom 19. 6. 1939 (AK: Slg. prol. rev. Lit., SSA, F 13).

28 Brief vom 8. 9. 1945 (Deutsches Exilarchiv, Frankfurt a. M., Slg. Retzlaw).

29 Klaus Mann war anfangs Mitglied des Bundes; Heinrich forderte ihn am 26. 7. und 21. 8. 1937 brieflich auf, von der Gruppe zu lassen, deren einziges Programm darin bestünde, »der Volksfront zu schaden«; im Brief vom 28. 8. 1937 schlägt er seinem Neffen vor, sich nun Budzislawski und der *Neuen Weltbühne* zuzuwen-den.

30 Gespräch mit dem Verfasser, Frühjahr 1992.

Joschka Fischer
Was haben sie verraten, die Renegaten?

Der hohe Preis des eigenen Wegs*

Ich möchte an den Titel dieser Historik-Vorlesung erinnern, an die eigentliche Überschrift: »Intellektuelle und Macht im 20. Jahrhundert«. Ein faszinierendes Thema, denn dieses 20. Jahrhundert war ja eines der blutigsten in der neueren Geschichte. Das Jahrhundert von zwei Weltkriegen, von Revolution, Konterrevolution, von industriell bewerkstelligten Völkermorden, von mehreren Weltordnungen, die umgestürzt wurden – man denke nur an den Untergang der klassisch-bürgerlichen Weltordnung im Ersten Weltkrieg, das Entstehen von Stalinismus und Nationalsozialismus, die faschistische, die stalinistische Ära, das System von Jalta, das scheinbar ehern und unerschütterlich die ganze Welt beherrschte, diese auf den einfachen Widerspruch zwischen Gut und Böse im Kalten Krieg brachte und der dennoch nicht austragbar war. Und jetzt wieder die Zeit der großen Ungewißheit. Intellektuelle haben dabei eine zentrale Rolle gespielt. Nur heute ist die Situation die, daß wir eher vom Ende des europäischen Linksintellektuellen zu sprechen haben.

Was sich heute besichtigen läßt, ist ja, daß der Kaiser nicht nur ohne Kleider dasteht, nicht nur nackt ist, sondern daß wir heute in der Lage sind, den skelettierten Kaiser betrachten zu können. Die Linksintellektuellen sind untergegangen mit ihrer großen Idee, die Welt nach den Gesetzen der Vernunft planvoll ordnen zu können. Das war doch die eigentliche Faszination, daß der Mensch – heute würde man auch sagen: die Menschin – imstande wäre, nach den Gesetzen der Vernunft die Welt so zu ordnen, daß ihre Erzübel Gewalt, Unterdrückung, Ausbeutung, Hunger, Not, Dummheit und was es alles sonst noch an

* Der Text entstand nach einem Tonband-Mitschnitt.

Übeln gibt, für immer überwunden würden. Das ging spätestens in den grauenhaften Massenmorden des Stalinismus und in dem schließlichen Scheitern der Sowjetunion endgültig zugrunde. Nicht zugrunde gingen die ursächlichen Probleme selbstverständlich, die bleiben. Aber die Antwortqualität der Linken, die ist dahin, und ich behaupte, sie ist unwiderruflich dahin.

Heute haben wir es mit dem aktuellen Intellektuellen des Westens zu tun, und der ist von ganz anderer Natur. Der aktuelle Intellektuelle des Westens ist nicht mehr der Linksintellektuelle, der Sinnproduzent, sondern es ist derjenige, der unmittelbar Werte produziert. Das klassische überzogene Beispiel ist doch heute sozusagen jener genialische junge Genforscher, der nach einer nobelpreiswürdigen Entdeckung Lehrstuhl Lehrstuhl sein läßt und in unmittelbarer Nähe seiner Universität dann eine Aktiengesellschaft gründet, nach und nach die Assistenten seines Lehrstuhles zu Teilhabern macht, und so ein blühendes neues Weltunternehmen im Auge hat mit einer Veränderung der Evolution. Heute haben wir es doch mit einer völlig anderen Situation zu tun, scheinbar. Heute haben wir es mit einer Intelligenz zu tun, die allein nach der Devise »Bereichert euch!« verfährt. Wissenschaft als die direkte Umsetzung in die Verwertung. Ich glaube, da liegt ein sehr ernstes Problem. Ich zumindest rate dazu, das sehr ernst zu nehmen, wobei ich nicht ausschließe, daß der sinnstiftende Teil der Intelligenz damit endgültig ad acta gelegt wird.

Erleben wir nun einen Rechtsruck? Jawohl, wir erleben ihn – ohne jeden Zweifel. Vergangener Idiotismus erscheint heute wieder als Ausdruck besonders tiefgründigen Nachdenkens. Es gibt aber auch Gegentendenzen. Die wichtigste Gegentendenz habe ich gerade benannt, die Ökonomie, sie ist heute nicht mehr national denkbar und schon gar nicht machbar. Aber dennoch, in der Dominanz des technisch verwertbaren Wissens in der Intelligenz liegt eine der ganz großen Herausforderungen der Zukunft. Und wenn es zu einem neuen Faschismus kommt, wird er ganz sicher nicht in den Gewändern des alten einherkommen. Ich will zum Schluß noch mal darauf zurückkommen.

Ich habe mir die Frage gestellt, warum gibt es keine rechten deutschen Renegaten? War es nur die Scham, war es nur die Erkenntnis, daß man sich in Hitler geirrt hat, war es nur die Scham, daß man einem Massenmörder hinterhergelaufen ist? Ich glaube das nicht. Man könnte vielmehr auch sagen, da sind welche 1945 lediglich in Deckung und auf Tauchstation gegangen. Da sind welche, wissend darum, daß die Idee des »ewigen Deutschland« 1945 nicht untergegangen ist. Ich überspitze jetzt etwas, aber ich fürchte, die Realität wird mich demnächst mit dieser Terminologie überholen. Daß man 1945 zwar »im Felde« besiegt wurde, aber ansonsten die Grundüberzeugungen der halb- oder ganzfaschistischen Intellektuellen oder wie man sie auch definieren mag, der Mitläufer, Mittäter des Nationalsozialismus also, daß deren Grundüberzeugungen überdauern werden. Wurden die denn tatsächlich in Frage gestellt? War denn für Ernst Jünger 1945 tatsächlich eine Zäsur? Für Carl Schmitt? Steckte da nicht das Vertrauen dahinter, die Zeiten werden sich eines Tages mal wieder ändern, und dann werden diese Ideen von einer neuen Generation, einer neuen deutschen Jugend, einem neuen alten und doch zugleich ewig jungen Deutschland wieder aufgenommen? War es also nicht eher eine innere Emigration? War deren Schweigen also gar nicht in Uneinsichtigkeit begründet? Gab es nichts zu renegieren? Also nicht Scham, sondern Vertrauen darauf, eines Tages kommen wir wieder. Nein, gerade die jüngste Gegenwart läßt doch diese Interpretation durchaus als die wahrscheinlichere erscheinen.

Ich glaube allerdings, für die linke Intelligenz wird es diese Position nicht geben. Denn die linke Intelligenz ist immer ausgegangen von der Kritik der Aufklärung an den bestehenden Verhältnissen. Die Aufklärung war die Infragestellung der vorgefundenen Herrschaftsverhältnisse, der vorgefundenen Ideenwelt, und sie wurde durch die vernünftige Kritik, durch die Kritik der Vernunft, in Frage gestellt. Zuerst kam die kritische Idee, und danach kam die kritische Tat, die Veränderung. Insofern war die Französische Revolution der Höhepunkt dieses Prozesses. Der Anfang vom Übel? Mag sein, aber zugleich der Höhepunkt dieser Revolution der Aufklärung. Die Kritik oder die linke Intelligenz konnte sich, wenn überhaupt, nur temporär freimachen von dem, was sie kritisierte. Und was hat sie kritisiert? Es war die Religion. Marx begann als Religionskritiker. Und wenn man sein Ideengebäude danach abklopft, dann wird man feststellen, daß es im wesentlichen in der Auseinandersetzung mit der Theologie begründet war, selbst in seinen materialistischsten Teilen. Die Bindung an die Religion überrascht auch nicht, denn der moderne Staat, der absolutistische Staat, ist entstanden aus den Religionskriegen. Und im Zusammenhang mit der Herausbildung des Absolutismus, in der Auseinandersetzung mit den Ursachen und Folgen der Religionskriege kam es zur Durchsetzung der Aufklärung.

Umgekehrt aber, auf der rechten Seite des Spektrums, haben wir es nicht nur mit dem Schamproblem zu tun, denn das Ganze führte in neue »Religionskriege«, wenn ich das mal parallelisieren darf.

Wir haben es im zwanzigsten Jahrhundert mit der Wiedergeburt, der Wiederkehr der Religionskriege zu tun. Dies umfaßt die schauerlichen Metzeleien und die Tatsache, daß die modernen Kriegsregelungen, die in ihrer ganzen schrecklichen Absurdität immer noch ein Stück Vernunft in sich bargen, nun niedergerissen wurden – sie galten für die großen Massenschlächtereien des Zwanzigsten Jahrhunderts bis hin zum Holocaust nicht mehr. Es herrschte plötzlich wieder die totale Feindschaftserklärung der Religionskriege vor: die oder wir, das Böse gegen das Gute. Nicht mehr die begrenzten Konflikte der Kabinette und der Staaten.

Dieses hängt meines Erachtens eng mit jener Entwicklung zusammen, die die Aufklärung eingeschlagen hat. Man könnte die kühne These vertreten, daß mit der Französischen Revolution der Höhepunkt der Aufklärung erreicht war, zugleich aber deren Abstieg begonnen hatte. Denn wenn man den Weg hin zur russischen Revolution, zum Ersten Weltkrieg, historisch sieht und diese schreckliche erste Hälfte des Zwanzigsten Jahrhunderts betrachtet, dann muß man feststellen, daß hier die Aufklärung wieder zur Religionsbildung zurückgefunden hat.

Wenn wir über Renegaten bei den Linksintellektuellen sprechen, dann müssen wir auch über das Verhältnis des linken Intellektuellen zum Priester sprechen. Das scheint mir ein entscheidender Punkt zu sein: wo die Ambivalenz auftaucht, wo die Mönchskutte des Thomas von Aquin in proletarischem Gewande plötzlich wieder hervorgeholt wurde, wo man zugleich das Wesen der Aufklärung verraten hat, nämlich die Kritik. Das hängt, aus meiner Sicht, mit dieser Entwicklung zusammen, daß die Aufklärung zu einer neueren Religionsbildung geführt hat.

Die Faszination von Marx war nicht die eines soziologischen oder eines historischen Klassikers, sondern es war die Faszination eines Religionsstifters. Und daher tauchen bei der Linken all die traditionellen religiösen Grundmuster auf mit ihren klaren Entgegensetzungen von Gut und Böse, mit dem Heilsversprechen als zentralem Motiv, als mas-

senbewegendem Motiv, und das Ganze gebunden an die industrialisti-
sche Machbarkeit. Nicht im Jenseits, sondern im Diesseits werden wir
die klassenlose Gesellschaft dieses Paradieses schaffen. Und man
konnte unschwer am Beispiel der Natur entnehmen, daß sich Gottva-
ter in seinem Heilsplan nicht an das Elend, an die Bedrängnisse und
Bedürfnisse der einzelnen Individuen gehalten hat. Wo Gott hobelt, da
fallen Späne, das zeigt die Geschichte, das zeigt der Alltag. Also wo die
Kommunistische Partei sich anschickte, Gott zu werden, mußte man
demnach das Hobeln ebenfalls kräftig betreiben und durfte sich keinen
Sentimentalitäten hingeben, wenn da ebenfalls Späne anfielen. Der
linke Intellektuelle mußte dazu die Kritik verraten. Spätestens mit der
Realität der Sowjetunion war es soweit. Da gab es kein Entrinnen, da
stellte sich die Frage, wenn ich mitmache, muß ich zum Priester werden, muß ich wieder glauben, darf ich keine kritischen Einsichten mehr
vertreten. Das ist der entscheidende Punkt.

Und in dieser Konstellation entwickelte sich auch linkes Renegatentum. Wir diskutieren ja vor allen Dingen die Beispiele, die eine solche
»Rückkehr« bedeutet haben. Arthur Koestler wäre hier zu nennen und
auch Manès Sperber, kritische Geister, die zur Position der Kritik der
Aufklärung zurückkehrten. Es war ja nicht so, daß sie die Front einfach
wechselten und in ähnlich tiefer Überzeugung dann von rechts her das
gemacht haben, was sie vorher von links her getan hatten. Gerade beim
Stalinismus und angesichts der aktuellen Entwicklungen wird spätestens offensichtlich, daß sich die Frage nach »rechts« und »links« als
neue definitorische Aufgabe stellt. Wenn man gegenwärtig den nahtlo-
sen Übergang in der ehemaligen Sowjetunion, die nahtlose Verbindung zwischen altstalinistischen KP-Leuten und rechten bis wirklich
faschistischen, rassistischen Gruppierungen anschaut, und auch deren
praktische Kooperation, dann wird klar, was ich damit ansprechen
wollte.

Nochmals, diese Rolle des Intellektuellen als Priester, sein Eintreten
für die Orthodoxie, seine Einbindung in die Orthodoxie – das alles
brachte notwendig all die alten Rituale der Inquisition, der Ketzerver-
folgung, der inneren Feinderklärung mit sich. Und jeder, der hier nicht
mehr mitkonnte, nicht mehr mitwollte, der mußte selbstverständlich
zum Ketzer, zum Dissidenten, zum Häretiker und schließlich auch
zum Renegaten werden. In den einzelnen Biographien kann man das
sehr schön nachgezeichnet sehen.

Lassen Sie mich die Frage nochmals vertiefen: Wie war dieser Prozeß denn möglich? Man sollte heute noch mal die Kritik von Rosa Luxemburg im zweiten Jahrzehnt des zwanzigsten Jahrhunderts an der bolschewistischen Partei und an Lenin und Trotzki nachlesen. Damals schon wurde mit unglaublich klarsichtigen Worten* beschrieben, was der Bolschewismus tatsächlich bedeutete. Wie war es möglich, daß Lenin und Stalin und ihre Sowjetunion diese Faszination auf die Intelligenz ausüben konnten, daß Leute vom Range eines Ernst Bloch Dinge gesagt und geschrieben haben, die jenseits aller Vernunft waren? Es gab die Identifikation mit dem Verbrechen, mit dem Massenmord Stalins, es gab die Rechtfertigung eines mörderischen Systems, das nicht den Eintritt Rußlands in die Moderne bedeutete, sondern vielmehr die Verbindung der Herrschaft des russischen Mittelalters mit der modernen Industrie-Sklaverei. Der Stalinismus war – heute kann man es ja sehr klar analysieren – der Rückschritt in das russische Mittelalter, was die Sozialorganisation der Gesellschaft und ihre politische Organisation betraf, in Verbindung mit den Mitteln der industriellen Moderne. Wittvogel und andere haben ja damals schon darauf hingewiesen. Zweck des stalinistischen Systems war es immer, nicht Reichtum zu schaffen und eine nach politischen Vorgaben mehr oder weniger gerechte Verteilung hinzubekommen, sondern immer nur die Stärkung der Staatsmacht. Alles andere waren politische Verteilungsfragen, die Versorgung der Bevölkerung hatte eine rein politische Funktion, hatte mit Ökonomie nichts zu tun. Daher war die sowjetische Ökonomie unter Marktgesichtspunkten niemals reformfähig. Es ging dem Stalinismus allein um die Stärkung der eigenen Macht, und insofern war seine ganze historische Epoche direkt eingebettet und in voller Kontinuität mit der russischen Geschichte, bis hin zur intellektuellen Orthodoxie, bis hin zu seinem gnadenlosen Despotismus.

Die Frage, die ich nochmals stellen möchte: Wie war es für westeuropäische Intellektuelle möglich, das russische Mittelalter mit der klassenlosen Gesellschaft zu verwechseln? Den Massenmord, die Lagergesellschaft mit der Freiheit und der klassenlosen Gesellschaft? Und da, das gebe ich offen zu, berühren wir einen wunden Punkt, wenn manche behaupten, die Linksintellektuellen würden seit 1989 aus Scham darüber schweigen. Warum gab es nach '89 keine linken Renegaten? Die

* Vgl. das Luxemburg-Zitat von 1918 bei Elisabeth Lenk, S. 119 (Anm. d. Red.)

wie war es möglich daß der SDS
Mao verharmloste? oder den Massenmörder
Ho Chi Minh?

Antwort ist einfach: Es gab da nichts mehr zu renegieren. Die Auseinandersetzung fand zuerst in Frankreich statt, mit einiger Zeit-
verzögerung dann in anderen Ländern, ganz spät in Deutschland,
teilweise erst als Folge der Veröffentlichung des *Archipel Gulag* von
Solschenizyn und der Dissidenz in Osteuropa bzw. der damaligen
Sowjetunion.

Heute stellt sich die Frage nicht so sehr, warum wird geschwiegen,
warum gibt es keine Renegaten, denn was soll ein DKP-Intellektueller
heute noch renegieren? Das ist abwegig. Was erwartete man von
Herrn Honecker? Der hat Selbstkritik auf seine Weise geübt, hat in
einem beeindruckenden Interview als einzigen selbstkritischen Satz
gesagt: »Wir konnten nicht genügend Bananen einführen.« Das richtet sich selbst. Und erwartet man von Herrn Gorbatschow, von Herrn
Jelzin etwa Renegatentum? Nein, sie sind doch Protagonisten der
Umgestaltung gewesen und sind es teilweise heute noch. Die Renega-
tion findet sozusagen praktisch statt, sie ist nicht mehr ein Bekenntnis
zwischen den Fronten, sondern ein Aufarbeiten des Vergangenen,
eine Veränderung des Vergangenen.

Lassen Sie mich zum Schluß aus meiner Sicht in Ansätzen versuchen, eine aktuelle Zukunftsperspektive zu beschreiben. Ich bin fest
davon überzeugt, daß das, was wir gegenwärtig an Schweigen erleben, tiefer geht als nur die Scham über einen Irrtum. Es gibt viele, die
sich nicht geirrt haben und die laut reden können, auch – ohne jeden
Zweifel – linke Intellektuelle. Es gibt auch gerade im Umkreis der
Frankfurter Schule eine starke antikommunistische Tradition, die keinesfalls eine Erbschuld der Sowjetunion sich zu eigen machen müßte.
Das ist also nicht das Problem. Nein, ich glaube, es wird geschwiegen,
weil es ein aktuelles Vakuum gibt, ein Vakuum, das ich für unglaublich gefährlich halte, ein Vakuum, das weit über die Frage der Aufarbeitung des zusammengebrochenen realen Sozialismus, der Illusionen der Linken, ihrer Utopieverfallenheit und all der Dinge, hinaus-
geht. Ein Vakuum, das vielleicht einmal die späte Moderne kenn-
zeichnen wird, und dieses Vakuum empfinde ich als sehr bedrohend.

Vielleicht ist das auch und gerade aus der Sicht des praktischen Po-
litikers so bedrohlich, weil es keine Orientierung mehr gibt, und mit
Orientierung meine ich nicht Sonntagsreden, mit denen irgendwelche
Notablen intellektueller oder praktisch-politischer oder geschäftlicher
Art das Ihrige verkünden. Nein, unter Orientierung meine ich Ausein-

andersetzung in der Gesellschaft, die in etwa ahnen läßt, wohin die Reise geht. Diese Orientierung gibt es gegenwärtig nicht.

Was wir erleben, ist eine Wiedergeburt der Vergangenheit. Was wir haben, ist ein gefährlicher Widerspruch: auf der einen Seite die Entwicklung, derzufolge diese Gesellschaft in Richtung Postmoderne geht, und auf der anderen Seite die Widerkunft des 19. Jahrhunderts und noch weiter zurückliegender Ideen. Unsere Zukunft interpretieren wir plötzlich in einem jungdeutschen Kategorienhorizont. Bitte, es gab zur Einheit ganz offensichtlich keine Alternative, nur werde ich zumindest das Gefühl nicht los, wir haben es gegenwärtig mit einer Wiedergeburt des Ideenhorizonts des 19. Jahrhunderts zu tun. Gleichzeitig stehen wir aber vor Herausforderungen, die nichts mit der deutschen Einheitsbewegung des 19. Jahrhunderts zu tun haben, sondern mit völlig anderen Dimensionen. Dennoch denken wir verstärkt in nationalen Kategorien, wenn ich mir anschaue, was auf den Büchertischen gegenwärtig reüssiert. Von rechts, oder besser gesagt, von »gestern« und »vorgestern« gibt es dieses Schweigen nicht. Nur soll man sich keine Illusionen machen, die Antworten dieses alten und jetzt wieder modernen Jungdeutschtums werden – praktisch zu Ende gedacht – über das Chaos nicht hinausgehen. Das alles, was wir heute an neuer und zugleich alter geistiger Orientierung erhalten, das wird keine wirkliche Zukunft gestalten können.

Und auf der anderen Seite erleben wir eine dramatische, schweigende Entwicklung, die sich im wesentlichen nur noch daran orientiert, daß der Konsumkapitalismus sich selbst erhält, daß er in seinen Einzelteilen konkurriert und um möglichst hohe nationale Anteile wirbt. Und diese Anteile sind nötig, weil darüber die sozialstaatliche Integration finanziert wird, und darüber wiederum Demokratie und einigermaßen gewaltfreie Verhältnisse in den reicheren Industrieländern erhalten werden. Aber diese sozusagen bürgerkönigliche Devise, »Bereichert euch, und setzt euch entsprechend ein, damit das möglich ist«, wird schließlich nicht ausreichen.

Gleichzeitig erleben wir eine Entwicklung sich verselbständigt habender Naturwissenschaften, erleben wir eine Entwicklung, wo es nur noch eine Frage der Zeit ist, wann der Homo sapiens letztendlich der Industrie zur instrumentellen Verfügbarkeit übereignet wird. Ich warne davor, dieses Problem gerade in seinen intellektuellen Dimensionen zu unterschätzen. Gegenwärtig sind wir dabei, unter dem Ge-

sichtspunkt notwendiger »Marktanteile« tief in den Evolutionsprozeß
einzugreifen. Wir sind also in einer Situation, wo wir auf der einen
Seite in Deutschland und in Europa zunehmend von der Sinnstiftung
durch die Vergangenheit bedroht sind, und wo wir auf der anderen
Seite es mit einer modernistischen Überhitzung zu tun haben. Wir mer-
ken es bei unseren Sozialstrukturen ebenso wie in nahezu allen übrigen
Bereichen. Und das alles wird eingefaßt von einem Vakuum.

nein

Gestatten Sie mir nach alledem die Conclusio: Vielleicht lernen wir
noch die renegatenlose Zeit fürchten, weil es diese Möglichkeit der
Rückkehr zur Kritik vielleicht bald nicht mehr geben wird. Weil wir
vielleicht wirklich am Ende der Aufklärung angelangt sind und es dann
nicht mehr mit Kirchen zu tun haben, die wir hinter uns gelassen haben, sondern nunmehr zu einem Fundamentalismus kommen, der in
Europa nationalistisch sein wird, in anderen Weltteilen sich anders
ausprägen wird, der sich eine Sinnstiftung dann auch in wirtschaftlichen Bereichen suchen wird mit allen machtpolitischen Konsequenzen. Summa summarum also: Die linke Intelligenz schweigt gegenwärtig nicht aus Scham, dazu besteht für viele kein Anlaß. Es müssen
jedoch endlich die vergangenen Illusionen und die Abhängigkeiten von
ihnen aufgearbeitet werden. Ich fürchte, daß die linke Intelligenz gegenwärtig aus tiefer Rat- und Perspektivlosigkeit schweigt, und in dem
dadurch entstehenden Vakuum sehe ich das eigentliche Problem der
Zukunft.

Carl Amery
Warum retten uns die Intellektuellen nicht?

Die weitoffene Flanke der Intelligenzija

Zwischen den Kriegen erschien eine Schrift von Julien Benda, der ein höchst renommierter Pariser Intellektueller war, unter dem Titel *Der Verrat der Intellektuellen (Trahison des clercs)*, die beträchtliches Aufsehen erregte. Meine Thesen werden sich an diese Vokabel anlehnen; sie lauten:

1. Zur Zeit findet ein »Verrat der Intellektuellen« statt, der an Tragweite und Zukunfts-Wirksamkeit fast unendlich über den Verrat zu den Zeiten des Totalitarismus hinausreicht;

2. dieser Verrat ist viel schwerer zu definieren, und die Intellektuellen, die ihn begehen, sind viel weniger zu denunzieren als die faschistischen oder stalinistischen Fellow-Traveller jener Zeiten, weil sich ihr Vergehen viel stärker, ja fast völlig dem Zugriff zivilisierter Rationalität entzieht.

Bevor wir in die Diskussion dieser Thesen eintreten, eine Vorbemerkung zum Gegenstand »Intellektuelle«. Das Wort ist, angesichts der Tatsache, daß es messerscharfe Denker bezeichnen soll, merkwürdig nebelhaft. Ursprünglich war es ein Adjektiv, das Kopflastigkeit und Überflieger-Gewohnheiten eines Geistes bezeichnete, und erst 1898 wurde es als Substantiv und als Standarte erhoben. Dennoch, ich will meinen, daß der moderne Intellektuelle zumindest Vorläufer hatte, und zumindest seit dem Anbruch der Aufklärung. Voltaire und Diderot in Frankreich, Samuel Johnson in England, Lessing und Lichtenberg in Deutschland: Sie erfüllten den Tatbestand der Intellektualität, und zwar durchaus der modernen, vermutlich besser als die meisten, die heute so definiert wurden und werden.

Zu dieser zeitlichen Unsicherheit kommt eine räumlich-materielle: Der Begriff streckt Pseudopoden in alle möglichen Richtungen aus. So hat etwa Gramsci die Zahl und die Wirkungsweise der »Intellektuellen« durch das simple Adjektiv »organisch« ungeheuer vervielfacht. Brutal gesprochen: Noch ein Grundschullehrer in Kalabrien ist in diesem Sinne ein Intellektueller – denn »organisch« bedeutet ja wohl, daß er in die bestehende Gesellschaft als Dienstleistender integriert, daß er honoriert bzw. beamtet ist. (In diesem Sinne war Bendas Wort *clerc* gut gewählt – es kommt vom *clericus* und meint im Mittelalter jeden Alphabeten, der ipso facto für die existierenden Strukturen schreibt und denkt – oder auch als Häretiker in ihnen auffällt.)

Belassen wir es bei der amöbenhaften Fließgrenze des Begriffs. Halten wir uns an Bernard-Henri Lévy, der in seinem wundervoll verklatschten Buch über die französischen Intellektuellen *Die abenteuerlichen Wege der Freiheit (Les Aventures de la liberté)* das Manifest der Intellektuellen vom 14. Februar 1898 (herausgegeben von Georges Clemenceau) als Geburtsstunde des Standes, der »artikulierenden Klasse« ansetzt. Es sind nun keine Einzelnen mehr, die sich so nennen und das Recht beanspruchen, zwischen der *polis* und dem gesellschaftlichen Guten zu vermitteln – und dies in einem ganz spezifischen Sinne, der sich im Gang der Aufklärung entfaltet.

Bedenken wir den Anlaß dieses Manifests: Es war der Dreyfus-Skandal. Die Republik hatte einen jüdischen Offizier dieses Namens wegen Verrats (das heißt, wegen der Auslieferung geheimer Pläne an das Deutsche Reich) zur Verbannung verurteilt, und es bestand jeder Grund anzunehmen, daß das Urteil ein Fehlurteil war und daß es in Wahrheit darum ging, ganz andere Personen und Kräfte vor der Verfolgung zu bewahren. Ganz Frankreich war damals gespalten; der »Rechten« kam der Fall zupaß, um die emotionalen Wunden von 1870/71 loszuwerden, und da kam der Verdacht gegen einen jüdischen Offizier deutschen Namens recht gelegen. Die »Linke« witterte (zweifellos mit Grund) in der Affäre einen Vorstoß gegen die moderne laizistische Republik.

Wichtig ist, daß der Kampf sich an einem Skandal entzündete, der sowohl politisch wie juristisch war. Tausende von frommen Franzosen waren wohl im Grunde ihres Herzens überzeugt, daß Dreyfus unschuldig war; aber kein frommer Franzose brachte es über sich, Leute wie Emile Zola im Kampf für den Laizismus zu unterstützen. Und wie viele Linke im Grunde den unbequemen Dreyfus gern losgehabt hätten, ist nicht bekannt. Mit anderen Worten: Die Schuld oder die Unschuld des

Offiziers war zum Test dafür geworden, ob die traditionelle Schuldzuweisung an einen Sündenbock, die so alt ist wie die Menschheit, in einem rationalistisch geplanten und gebauten Gemeinwesen eine Chance haben durfte oder nicht. Ein Zeitalter der stellvertretenden Hinrichtungen und Weihungen (beim Opfer-Tier oder Opfer-Menschen ist das oft das gleiche) ging zu Ende, und es war die Aufgabe der Intellektuellen, dieses Ende zu beschleunigen und zu besiegeln.

Mündigkeit in jedem einzelnen Urteil: Das galt und gilt somit als die notwendige Distinktion des Intellektuellen. Der Erfolg oder Mißerfolg seiner kritischen Begleitung der Gesellschaft hing erstens von dem Scharfsinn ab, den er dem typischen Einzelfall zuwandte – und zweitens von der Unerschrockenheit, mit der er sich von der Mehrheitsmeinung absetzte, wenn diese seinen Kriterien Widerstand leistete.

Wie schon betont, war und ist der Intellektuelle nur als ein Produkt und Produzierender der Aufklärung verständlich. Seine Lebensumstände (ob ärmlich oder prachtvoll) hingen eng mit dem Aufstieg der bürgerlichen Gesellschaft zusammen. Zwei Bedingungen waren hierfür besonders wichtig: von Fürstenhöfen möglichst unabhängige metropolitane Treffpunkte (Cafés, Salons) und das Copyright, also die Definition seiner geistigen Hervorbringungen als ein persönliches Eigentum. (Nur dies konnte ihn vor der lästigen Notwendigkeit bewahren, jedem Buch eine verlogene Huldigung an irgendeinen hohlköpfigen aristokratischen Mäzen vorauszuschicken.)

Nun aber zum Verrat. Was war es für ein Verrat, den Benda seinen intellektuellen Nachbarn im großen Dampftopf unseres Jahrhunderts vorwarf? Kurz gesagt: Es war die Versuchung der Fahne, der so viele Intellektuelle auf den ideologischen Schlachtfeldern erlagen. Man sah einen übermächtigen Gegner (den Faschismus, den Bolschewismus, gleichviel), man war sich bewußt, wenig mehr zur Verfügung zu haben als das Florett des Wortes, man war es müde, allein auf der Walstatt zu stehen, wenn die Schwadronen des Welt- oder des Klassenfeindes herandonnerten – und so kniete man nieder und küßte den Saum der jeweiligen Standarte.

Dies ging bis zur fast mystischen Selbstentäußerung. Die Episode, die meines Erachtens solche Entäußerung am treffendsten illustriert, wurde uns von Hans Sahl in seinem Bekenntnisbuch *Das Exil im Exil* überliefert. Sie spielt im Mai 1938, Sahl ist Mitglied des Vorstands im

Schutzverband Deutscher Schriftsteller (SDS) im Pariser Exil. Es ging diesem Vorstand, der längst von kommunistischen Agenten gesteuert wurde, um die Ächtung eines Mit-Exilanten namens Leopold Schwarzschild, der das *Neue Tagebuch* redigierte. Durch das Mittel eines gefälschten Leserbriefes wurde er gelinkt, sofort verdächtigt, geheime Drähte zu den Nazis zu unterhalten, und die Resolution seiner Ächtung lag bereit. Hans Sahl war nicht bereit zu unterzeichnen; er wollte, wie er sagte, den Feind nicht mit den Methoden des Feindes bekämpfen. Alle (und allen voran Anna Seghers) übten sie Druck auf ihn aus, und der letzte, der ihn vergebens zu überreden versuchte, war Egon Erwin Kisch. Es lohnt sich, den Dialog wiederzugeben, wie er bei Sahl nachzulesen ist:

»Überleg es dir noch einmal«, sagte er und nahm meine Hand. »Ich möchte nicht, daß wir gezwungen sind, dich zu bekämpfen. Wenn du willst, bring' ich die Sache wieder in Ordnung. Sofort. Du brauchst nur ein Wort zu sagen.«

Ich schwieg. Er ließ meine Hand los … »Weißt du, was du bist? du bist das Schlimmste, was einer Partei passieren kann, du bist ein … ein …« Er blickte wild um sich, als wäre da jemand, der ihm das Wort, das er suchte, soufflieren könnte. »Ich weiß«, sagte ich, »ein Konterrevolutionär, ein Lakai der Bourgeoisie.«

»Nein«, sagte Egon Erwin Kisch und kniff die Augen zusammen … »Nein, noch etwas viel Schlimmeres – du bist ein Wahrheitsfanatiker!« schrie er.

Genauer und extremer lassen sich die Positionen nicht beschreiben. Die Wahrheit als Gefahr für den Intellektuellen: ob links in der Volksfront, ob rechts bei der *Action française* – was zählte, war die Fahne und die mystische Vereinigung mit ihr, die bis zur Todesbereitschaft (und was bei einem Intellektuellen wichtiger war: zur Verleugnung der Tatsachen) führen konnte und sollte.

Daß unzählige Intellektuelle im spanischen Bürgerkrieg starben (meist auf der Seite der linken Republik), zeugt von der klaren Polarisierung in jenen Jahren. Der Blutzoll war enorm, der literarische Ertrag überraschend mäßig (oder auch logischerweise mäßig, wenn man genau nachdenkt). Zwei Autoren wurden entscheidend beeinflußt, beide haben die Seite, für die sie ursprünglich eintraten, um der Wahrheit willen verlassen: der französische Romancier Georges Bernanos, zunächst ein Sympathisant der faschistischen Seite, und George Orwell, ein aktiver Kämpfer in den Reihen der halb-anarchistischen POUM* in Katalonien. Beide erfuhren hämische und bittere Abweisung von den Brüdern im Geiste, die der jeweiligen Fahne (und den jeweiligen Lügen und Vertuschungen) treu blieben.

Heute ist es natürlich sinnlos, über diese Lügen und Verdrängungen, über diese fehlgeleitete Loyalität zu rechten. Intellektuelle sind schließlich auch Menschen – und als solche schwach und eitel. Schon die Posen etwa Ernst Tollers in der Münchener Revolution 1918/19, seine byronische Führung (oder auch Nicht-Führung) der Roten Armee zum Sieg von Dachau, sind im nachhinein schwer erträglich, trotz der Zuchthaus-Leiden, mit denen er sie nachträglich bezahlte. Heller, gewaltiger waren die Posen des André Malraux – aber auch sie im Grunde ein *sacrificium intellectus*, eine wenigstens teilweise Einschläferung des kritisch-wachen Urteilsvermögens.

Diese Tendenz, dieser Verrat (wenigstens in seinen harmloseren Formen) hat sich bis weit in die Nachkriegszeit fortgesetzt; ich erinnere mich an entsprechend gelagerte Entrüstungen im Schriftstellerverband, ich erinnere mich an die sonderbaren Permutationen von Jean-Paul Sartre, von André Glucksmann etc. Aber lassen wir das, die alten Fahnen sind gesunken, der Kampflärm hat sich gelegt, kluge Leute, unter ihnen auch Intellektuelle, stellen nicht ohne befriedigten Unterton das Ende der Utopien oder gar das Ende der Geschichte fest, und es scheint nur noch eine Fahne zu geben, unter der man sich sammeln – und wenn nicht dreinschlagen, so doch wenigstens ausharren – kann: die Fahne, deren Inschrift lautet: »MUDDLE THROUGH«. Aber das täuscht natürlich, und es führt mich mitten in meine Thesen.

Um den Prozeß abzukürzen, benütze ich jetzt eine Probebohrung, die in diesem Kreise bereits im Rahmen der Frankfurter Historik-Vorlesungen über den »historischen Ort des Nationalsozialismus« begonnen hat.**

Das Dilemma, das in diesen Vorträgen emporstieg, läßt sich in ein wahrnehmbares Paradox zusammenfassen; das Paradox nämlich, daß das furchtbarste Ereignis des Jahrhunderts, die Geschehnisse von

---

* Marxistische, nichtstalinistische Partei, in deren Miliz Freiwillige aus aller Welt kämpften.
** Die Vorlesungen sind abgedruckt in: Walter H. Pehle (Hg.), Der historische Ort des Nationalsozialismus. Annäherungen, Frankfurt 1990.

Auschwitz und Bergen-Belsen, nicht mit dem zusammenfällt, was man gemeinhin eine »historische Krise« nennt. Da geschah ein absolutes Novum: die Indienststellung höchster technischer – und das heißt ja wohl auch zivilisatorischer – Effizienz zum Zweck eines gigantischen, barbarischen Massakers. Und dennoch: Keiner der heute tätigen Historiker bzw. Intellektuellen vermag darin einen Epochenschnitt im Sinne etwa von 1789 oder auch von 1917 erkennen. Hinter und neben dem Glutschein der Krematorien, so scheint es, geht die Dialektik der Geschichte (des historischen Materialismus, wenn man Marxist ist) ihren ehernen Gang, der Faschismus, auch der Hitler-Faschismus, ist nicht mehr als ein sinnloser Meteor, der, je nachdem von kapitalistischer oder satanischer Dynamik gesteuert, zwischen Atlantik und Wolga eingeschlagen und zwölf Jahre lang Europa verbrannt hat. Vielleicht hat er psychische Spuren hinterlassen, auf die man achten muß – sein eigentlicher historischer Ort ist nicht bekannt und nur in »Annäherungen« (so der Untertitel dieser Vorlesungsreihe) anpirschbar.

Wir sollten dies doch höchst sonderbar finden. Gewiß, es gibt, vor allem im asiatischen Raum, diese plötzlich aufflammenden Steppenbrände der Barbarei – Tataren- und Mongolenstürme, die eine breite Schneise der Vernichtung schlagen, gesäumt von Schädelpyramiden, und dann wieder spurlos in den Weiten zwischen Ural und der chinesischen Mauer versinken. Aber erstens tragen auch diese Massaker einen grundsätzlich anderen Charakter, und zweitens wäre ihr Auftauchen im Abendland auch dann, wenn sie tatsächlich die völlig gleichen Charakteristika hätten, an sich ein völliges historisches Novum.

Aber vielleicht, so wage ich anzufragen, liegt es nicht an den Tatsachen, sondern an unseren Kategorien für die Tatsachen? Vielleicht ist das erwähnte Dilemma (die Irrelevanz des zentralen Auschwitz-Ereignisses für unsere Epocheneinteilungen) ein Zeichen dafür, daß diese Epocheneinteilung irrelevant geworden ist? Mit anderen Worten: Wäre es vielleicht die Botschaft des Jahrhunderts, daß diese alten Kategorien obsolet geworden sind?

Ich wage hier, den historischen Handschuh umzustülpen. Ich bitte Sie, mit mir einmal von dem Satz auszugehen: Die zentrale Botschaft des 20. Jahrhunderts ist das erste nennenswerte Auftreten der Gattungsfrage der Menschheit.

Die Gattungsfrage, wie wir alle wissen und spüren, tritt in zwei Formen an uns heran: in der Form der Folgen des Industriesystems – und in der Form der demographischen Superexpansion. Beide wurden von den vorherrschenden Ideologien (denen sich die Intellektuellen mehr oder weniger anschlossen und zwischen denen sie selbst ihre Gründe für gedankliche Selbständigkeit suchten!) als reichlich nebensächlich behandelt; im Westen konzentrierte sie sich (wenn sie überhaupt behandelt wurde) auf Fragen der Effizienz, wozu auch der sogenannte »Umweltschutz« gehört – im Osten, d. h. im Realsozialismus, wurde sie wissenschaftlich durch den Marxismus als gelöst betrachtet. Beide Ansichten sind völlig falsch, sie gehen auf geradezu gespenstische Weise an der Realität vorbei.

Kommen wir auf den Hitler-Faschismus zurück. Stellen Sie sich, nach einem langen Blick auf die Parteien- und Ideologienlandschaft der Weimarer Republik, die Frage, was geschehen wäre, wenn der Club-of-Rome-Bericht über die »Grenzen des Wachstums« nicht 1972, sondern 1930 veröffentlicht worden wäre – ohne den Segen der Großrechner, gewiß, aber aufgrund damals schon längst zugänglicher Daten. Ich versichere Sie: Die einzige politische Formation, die diesen Bericht sofort für ihre Propaganda aufgegriffen hätte, wären die Nazis gewesen. Wenn man das Bauchgrimmen bedenkt, das dieser Bericht noch nach 1972 dem Marxismus verursachte; wenn man die Unmöglichkeit der Akzeptanz durch die Liberalen in Rechnung stellt; wenn man die Unbeweglichkeit der sogenannten Konservativen berücksichtigt: Die Nazis hätten es damals nicht nur geschafft, sie hätten diesen Meadows-Bericht zum Angelpunkt ihrer Propaganda gemacht. Volk-ohne-Raum; permanente Stabilität durch Herrschaft über Sklavenvölker; Reduktion der Geschichte auf Erd-Geschichte; und, nicht zuletzt, Eliminierung der einzigen Gruppe, die restlos auf nichtterritoriale Zivilisiertheit angewiesen war, nämlich der Juden – das »Menü«, wie man so schön sagt, wäre komplett gewesen.

Mit anderen Worten: Die Nazi-Ideologie (wesentlich geprägt vom Vulgärdarwinismus Hitlers selbst) war der erste, nicht ganz bewußte, aber wohl noch halbbewußte Schritt zur Problematik der nächsten Jahrhunderte, zur Problematik der Gattungsfrage: Wie hat sich die Menschheit zu verhalten, um eine nachhaltige Bewohnbarkeit des Planeten zu sichern?

Natürlich war der Nazismus, moralisch gesehen, der Rückgriff auf die Barbarei. Aber es handelte sich um eine wissenschaftlich-technisch bewaffnete Barbarei, deren Sinn es war, die permanenten Lebens-

bedingungen (das »Tausendjährige Reich«) für eine angebliche Herrenrasse zu sichern. Die Annahme einer Herrenrasse impliziert sofort
die Annahme von Sklavenrassen, von nicht ganz menschlichen Rassen,
deren einziger Lebenszweck darin besteht, der Herrenrasse diese Kontinuität zu gewährleisten.

Die Werkzeuge für eine solche wissenschaftlich-technische Barbarei
lagen zur Hand. Ich erinnere an die sogenannte Eugenik, die seit dem
19. Jahrhundert durch die Köpfe spukte (und zwar international). Hier
darf der Hinweis auf Dan Diner nicht unterbleiben, den, wie ich meine,
erhellendsten Referenten der 1. Frankfurter Historik-Vorlesungen
über den »historischen Ort des Nationalsozialismus«*. Dan Diner hat
dargelegt, daß das Novum der Judenvernichtung, etwa im Gegensatz
zu den altmodischen Pogromen, die Übernahme der Werkzeuge der
Eugenik war: die ersten Teams, die zum Zweck der Judenvernichtung
nach Osten geschickt wurden, brachten die Technik und das Know-
how des Euthanasieprogramms für sogenanntes lebensunwertes Leben mit, das aufgrund populären Widerwillens (instrumentiert von der
Kirche) vorläufig sistiert worden war.

Beachten wir, daß Eugenikprogramme, oder Programme zur Li-
mitierung der Fortpflanzung, im 19. und zu Beginn des 20. Jahrhunderts durchaus im Schwange waren, und zwar nicht nur bei bornierten
Naturwissenschaftlern. Der Marxismus wandte sich leidenschaftlich
gegen den Malthusianismus, den ersten wissenschaftlichen Versuch,
das Bevölkerungsdilemma darzustellen – aber Engels schrieb 1881 an
Kautsky:

> »Sollte aber einmal die kommunistische Gesellschaft sich genötigt
> sehen, die Produktion von Menschen ebenso zu regeln, wie sie Pro-
> duktion von Dingen schon geregelt hat, so wird gerade sie und sie
> allein es sein, die dies ohne Schwierigkeiten ausführt –«

Ohne Schwierigkeiten...!

Der Marxismus hat die Problematik dennoch nicht ernsthaft aufgegriffen, sie wäre seinen Intentionen auch zuwidergelaufen, wenigstens
zunächst. Malthusianische Programme wurden von ihm – fast bis in

---

* Dan Diner, »Perspektivenwahl und Geschichtserfahrung. Bedarf es einer beson-
  deren Historik des Nationalsozialismus?« In: Walter H. Pehle (Hg.), *Der historische Ort des Nationalsozialismus. Annäherungen*, Frankfurt am Main 1990,
  S. 94 ff.

unsere Tage – als Tricks der bourgeoisen Wissenschaft verworfen, ebenso wie ökologisch orientierte Industriekritik.

Inzwischen hat sich die Lage sehr verdeutlicht. Die Plausibilität einer Dauerschädigung der Biosphäre durch das Industriesystem ist beängstigend gestiegen, und die Zahl der Menschen hat sich im Laufe des Jahrhunderts fast verfünffacht. Naturwissenschaftlich ist das weiter nicht aufregend; die amerikanische Mikrobiologin Lynn Margulis hat das auf der GAIA-Konferenz 1987 in Cornwall so formuliert:

»*Homo sapiens sapiens* ist eine sehr junge Unkrautart, die rasch wächst und ihre Umwelt stark modifiziert. Diese Phase des Ausblühens ist nicht neu, wir kennen sie von den Dinosauriern,...

Wenn die Bedingungen günstig sind, wächst die Bevölkerung schnell, und kurz vor dem Abkippen stehen die Dinge zum Besten. ...eine sehr übliche biologische Strategie, auf Petri-Schalen sehen wir sie jeden Tag. ...Nur unsere unglaubliche Egozentrik (die wir nicht abstellen können) hindert uns daran zu sehen, wie gewöhnlich das alles ist.«

So weit, so gut – oder: so schlecht. Ich habe jedenfalls versucht, diese Sichtweise ein wenig im internationalen P.E.N. zu verbreiten, als ich westdeutscher Präsident war – ein absolut vergebliches Unterfangen. Und es ist auch belegbar, warum dies so ist. Der amerikanische Philosoph Theodore Roszak schreibt in seinem Buch *Person / Planet: the Creative Desintegration of Industrial Society* (1978):

»Die meisten Klasseninteressen konzentrieren sich auf den Wohlstand und die Macht der Metropole, aber es gibt ein Interesse, das sich so tief in die Eingeweide der Metropole vergraben hat, daß es sich unsichtbar für jede Kritik machte: das Interesse der Intellektuellen als der Ureinwohner der urbanen Klassen. Die Kultur der Metropole ist so speziell die ihre – ihre Schöpfung und ihre Sucht –, daß sich der Drang der Metropole, zu expandieren und zu herrschen, als eine simple Forderung des gesunden Menschenverstandes ausnimmt. Was immer sonst an Mächten und Privilegien es fördern mag: Das Imperium der Metropolen ist das Imperium der Intellektuellen. ...«

Da ich selber ein Intellektueller bin, werden Sie mich kaum verdächtigen, diffamieren zu wollen. Die Analyse ist nüchtern und, wie ich fürchte, korrekt – auch, was mich selber betrifft.

So stehen wir also da, am Ende des 2. Jahrtausends, beladen mit einer Bürde, wie sie noch keine Generation von Intellektuellen zu tragen hatte. Werden wir, nach der schonungslosen Analyse von Roszak, überhaupt imstande sein, uns auch nur unwesentlich an dem zu beteiligen, was wir Humanisten kraft unseres Auftrags unbedingt leisten müßten: die Bedingungen für das Fortbestehen der Menschheit wenn nicht zu sichern, so doch ein wenig günstiger zu machen? Oder wollen wir uns darauf beschränken, den Kulturbetrieb weiterzuführen, wie wir ihn kennen und gewohnt sind? Ich fände das, ehrlich gesagt, schlechthin verächtlich, wenn man auch auf Schritt und Tritt auf den immer dicker werdenden Mief des Defätismus stößt.

Über ein menschenwürdiges Programm angesichts der Gattungsfrage nachdenken – dies ist der zwingende Auftrag, wenn wir überhaupt unser Da- und So-Sein als Intellektuelle noch ernst nehmen wollen. Es erfordert eine Art von Mut, die der des »gerechten und unerschütterlichen Mannes« des Horaz noch überlegen ist. Wir müssen Mut aufbringen nicht nur vor dem Antlitz des Tyrannen, nicht nur vor der heulenden Mehrheitsmeute, sondern wir müssen gegen unsere eigene Konditionierung andenken, gegen unser Unwissen, was die Tatsachen des Überlebens betrifft, gegen – ja, sagen wir es offen: gegen unser Klasseninteresse. Ohne eine nüchterne Ablösung von diesem Interesse ist eine furchtlose Arbeit mit und an der Botschaft des Jahrhunderts unmöglich.

Um festzustellen, wie weit wir von dieser notwendigen Anstrengung entfernt sind, genügt ein Blick in jedes beliebige Feuilleton.

Aber vielleicht ist es wirklich an dem, daß der »Intellektuelle« in seinem kurzen Da- und So-Sein gar nicht überleben sollte. Ich sage dies nicht als faschistoide Kampfansage, um Gottes willen – es geht schließlich auch um meine eigene Existenz. Aber wir haben eingangs von Lessing und Lichtenberg, von Voltaire und Diderot gesprochen: Intellektuelle vor dem eigentlichen Zeitalter der Intelligenzija. Sie waren keineswegs von Dummköpfen umgeben, sondern von allen möglichen Vertretern des Denkens und der Spekulation – von *clerici* im allerweitesten Sinne des Wortes. Diese waren staats- und systemerhaltend, wohl geschult in den drei- oder vierspurigen Wegen zum Lehrstuhl, durchaus gestählt für die Möglichkeit, über die mögliche Zahl der Engel auf einer Nadelspitze zu debattieren. Ihre materielle Existenz war, wenn nicht besser als die ihrer zeitgenössischen Prä-Intellektuellen, bestimmt nicht schlechter – und Lessings Debatte mit Goeze zeigt ja, daß es für die neue Denkerschicht gar nicht so einfach war, mit der älteren fertig zu werden.

Außerdem ist ja die jeweils neue Art, zu denken und sein Denken zu organisieren, auch nicht immer populär. Scharfsinnige Analytiker haben anläßlich des Afghanistan-Desasters davon gesprochen, daß es dort neben der neuen, hauptsächlich durch Sonnenbrillen ausgewiesenen Intelligenzija eine traditionelle Bildungsschicht von Koran-Gelehrten gab, die sie *literati* nannten. Wer weiß es, ob wir (als artikulierende Klasse, nicht als Individuen) nicht schon zu den zäh traditionalistischen Literati gehören? Lehrer des Neuen, so vermute ich, sind durchaus schon aufzufinden. Aber wir wollen es der Diskussion überlassen, dafür Kriterien zu benennen.

Lediglich soviel sei zum Schluß festgestellt: Der Verrat der Intellektuellen, der uns umgibt, ist von völlig anderer Art als der, über den Julien Benda und viele andere geschrieben haben. Es handelt sich nicht mehr darum, ob wir einer Partei zuliebe und angesichts eines mächtigen Feindes auf das Vorrecht des Intellekts verzichten; es handelt sich vielmehr darum, ob wir, als zutiefst metropolitan konditionierte Klasse, überhaupt begreifen können, in welcher Form die Gattungsfrage an uns gerichtet ist.

Die Hilflosigkeit angesichts der Ereignisse in Jugoslawien ist, wie ich fürchte, bereits Evidenz dafür, daß Hitler, daß der barbarische Rückgriff auf ein Zeitalter der reinen Arterhaltung, den Charakter des Vorlaufs trug. Diese Flanke der Intellektualität ist — »vorläufig« — weit offen. Mit den herkömmlichen Mitteln wird sie nicht zu schließen sein.

Elisabeth Lenk
Warum retten uns die Intellektuellen nicht?
Über Sinnstiftung und Selbstüberschätzung

Sie haben uns noch nie gerettet, selbst ihr angeblicher Sieg in der Drey-fus-Affäre war eine Illusion. Der böse Barrès, der gesagt hatte, er ver-teidige die Armee, gerade weil sie im Unrecht sei, war nicht weniger intellektuell als der gute Zola mit seinem »J'accuse«. Thomas Mann, der im Ersten Weltkrieg Kaiser Wilhelm mit dem Hinweis auf Fried-'rich beisprang, weil er ihn für einen »imperator literatus« hielt, war nicht weniger intellektuell als sein Bruder Heinrich, der gegen den Krieg anschrieb. Helmut Kohl liebt es, wie wir aus dem *Spiegel* erfah-ren, noch bis nach Mitternacht zu lesen. Leider präzisieren die Infor-manten nicht, was er liest (außer Bismarck). Sollte auch er ein Intellek-tueller sein? Aber selbst wenn er einer wäre, retten würde er uns darum noch nicht.

Ehe es in Deutschland Intellektuelle gab, nannte man sie »Geistes-führer«. Der Dichter wurde zum Genie stilisiert, zum Geistesfürsten, um den sich Gefolgsleute scharen. Aus jener Zeit stammen Titel wie »Der Dichter als Führer in der deutschen Klassik«, mit denen Lehrer und Lehrerinnen unsere Großväter und Großmütter nervten. Goethe, der natürlich auch zum Führer stilisiert wurde, hat diese Rolle übrigens gehaßt. »Sehe jeder, wo er bleibe, sehe jeder, wie ers treibe, und wer steht, daß er nicht falle«, war seine enttäuschende Intellektuellen-devise. Auf neudeutsch: Die Rede von der leadership ist ein Unsinn, vor allem in der Demokratie. Niemand kann niemanden führen. Wo er langgehen will, muß jeder selbst herausfinden.

Ich möchte meine Ausführungen in drei Teile teilen. Meine erste Frage gilt den verbeamteten Intellektuellen und lautet: »Warum retten uns die Universitätsprofessoren nicht?« Mein zweiter Teil sucht die unmögliche, utopische Funktion eines freischwebenden Intellektuel-

len zu umreißen, der uns natürlich auch nicht rettet, aber auch gar
nicht retten will. Mein dritter Teil gilt den Berufsrevolutionären, der
einzigen Gruppe unter den Intellektuellen, deren ausdrückliches Ziel
es war, »uns« zu retten und zu beglücken, die aber den Objekten ihrer
Fürsorge das genaue Gegenteil, rettungsloses Unglück, gebracht haben. Es folgt noch ein Epilog.

I. Warum retten uns die Universitätsprofessoren nicht?

Aus den deutschen Universitäten sind Impulse zur Erneuerung der politischen Kultur nicht zu erwarten. Ich gehe sogar so weit zu vermuten,
daß eher noch von Einzelpersönlichkeiten des öffentlichen Lebens
neue Akzente gesetzt werden könnten als von Institutionen, die unter
dem Deckmantel der Mehrheitsdemokratie und im Schutze der Anonymität (Ordinarien waren immerhin noch benennbare, also auch
verletzliche Individuen) die Patronagepraxis der Parteien reproduzie-
ren.

Wenn man eine Signatur unserer gegenwärtigen Epoche sucht, so ist
diese weder das Individuum noch aber das ideologisch gesteuerte Kollektiv, das soeben auf spektakuläre Weise abgewirtschaftet hat, sondern das Prinzip Clique. Die Clique bringt ganz neue mafiaähnliche
Strukturen der Korruption mit sich, die auf unmerkliche Weise der
Gesellschaft ihre demokratische Grundlage entziehen oder aber – wie
in den östlichen Ländern – deren Entstehen verhindern. Die Clique
besteht aus Menschen ohne Merkmale, einer knetbaren Masse, die
sich, völlig unabhängig von jeder Ideologie, auf den Bahnen der
Bequemlichkeit dahinwälzt. Wer noch irgendwelche sperrigen Eigen-
schaften besitzt, wird, angesichts der erzwungenen Muße endloser
Sitzungen, bei denen diejenigen Sieger bleiben, die es am längsten aus-
halten, immer zu den Hinterbänklern gehören. Alle angestammten
Kriterien wie Qualifikation, Leistung etc. sind außer Kraft gesetzt. Das
Ergebnis ist eine klebrige Verfilzung auf allen Ebenen, eine schlei-
chende Unterwanderung der Demokratie, die demokratiefeindliche
Strömungen begünstigt.

Die Universität ist in der Krise. Lange Zeit nahm die Forschung in
unserer Gesellschaft die Stelle der ehedem unerforschlichen Mächte
ein. Das akademische Wissen galt als ein Wissen für Eingeweihte. Zu-

nächst hat die Universität die Ursachen für ihre Krise außerhalb von sich gesucht: in der Gesellschaft, im Staat. Gegen alle Reformversuche zog sie zu Felde mit dem werbewirksamen Slogan, man könne und dürfe nicht gewachsene Strukturen gewaltsam zerstören.

Ein Blick in die Geschichte der deutschen Universität genügt jedoch, um festzustellen, daß die Entwicklung dieser Strukturen so organisch und gewachsen gar nicht ist, eher bewegte sie sich in Brüchen. Oftmals haben die Initiativen, Impulse zur Erneuerung, ja sogar technische und andere Erfindungen, außerhalb der Hochschulen stattgefunden, und es hat immer wieder solcher Infragestellungen und Umdenkungsprozesse bedurft, damit die Universitäten die Herausforderungen der jeweiligen Zeit annahmen. Das gilt für die Zeit des Absolutismus, als das Neue (so die technisch-naturwissenschaftliche Entwicklung) von den neugegründeten Akademien ausging und erst ganz allmählich Einlaß in die Universitäten fand. Das gilt dann noch einmal für die Zeit der landwirtschaftlichen, industriellen und politischen Revolutionen im 18. Jahrhundert, als kleine, flexible Gesellschaften zu Trägerinnen des wissenschaftlichen und technischen Fortschritts wurden, deren spontane Gründung der flächendeckenden Gründung von technischen Hochschulen vorherging. Die Universitäten sind von ihrer Struktur her eher konservativ.

Eine Entwicklung neuen Typs läßt sich in den 60er Jahren unseres Jahrhunderts beobachten, weil damals zum ersten Mal, so scheint es, eine Erneuerung der Universitäten aus sich heraus, von innen, stattfand. Ich meine die Reform der Universitäten unter dem Einfluß und dem Druck der Studentenbewegung. Die Studenten selbst waren es, die die Erneuerung der Universitäten erkämpften, was zweifellos auch mit der zunehmenden Zahl der Studenten und, damit verbunden, ganz neuen beruflichen und wirtschaftlichen Anforderungen an die Universitäten zu tun hatte, aber es gab auch die politische Dimension der Studentenbewegung, die in Deutschland sich ganz besonders im Stichwort »Aufarbeitung der Vergangenheit« niederschlug. Wie war es zu erklären, fragte eine jüngere Generation, daß die Hochschulen, die auf der einen Seite so stolz auf ihre Tradition, ihre Ornamente und verstaubten Talare waren, sich gleichzeitig völlig willenlos im Sinne der Nationalsozialisten haben umgestalten lassen, derart, daß fast in jedem Semester neue Aufnahmebedingungen hinzukamen: Ahnennachweis, Nachweis der erfolgreich abgeleisteten Arbeitsdienstpflicht, Mitgliedschaft in SA, SS, NSDAP oder zumindest einer gleichgeschalteten Organisation, bis hin zum lapidaren Passus in den Vorlesungsverzeichnissen: »Juden sind von der Immatrikulation ausgeschlossen.« Professoren, die noch eben über »Genie und Wahnsinn« doziert hatten, boten jetzt die »Psychologie des Soldaten« an, Bauingenieure sattelten von »Talsperren« auf »Wehrsperren« um. Der Nationalsozialistische Altherrenbund stand auf einmal gleichberechtigt neben den traditionsbeladenen Hochschulgemeinschaften.

Seitdem zeigen sich überall Risse und Brüche in der quasimittelalterlichen Festung. Wie im 14. Jahrhundert eine Krise des menschlichen Sprechens über Gott aufkam, so gibt es heute eine Krise des Wissens, die zugleich auch eine Krise des Glaubens an das Wissen ist. Der Begriff der Wissenschaft ist tautologisch. Wissenschaft ist, was anerkannte Wissenschaftler für Wissenschaft halten. Paradoxerweise ist es eben das massive Wissenwollen, das die Baufälligkeit der Universitäten zutage gefördert hat. Die Lustlosigkeit der Lehrenden kontrastiert in auffälliger Weise mit dem Enthusiasmus der Lernenden. Und auf einmal fängt es an, sich herumzusprechen, daß die Universitäten bankrott sind, nicht nur materiell, sondern, was viel schwerer wiegt, intellektuell und moralisch. »Die hohen Fakultäten sind nutzlos geworden«, heißt es. »Sie schaden sogar und nutzen nur noch ihren Vertretern.« Die Professoren sind nicht mehr Vertreter von irgend etwas, am allerwenigsten aber des forschenden Geistes. Sie sind aus ihrer sozialen Rolle zurückgewichen und nur noch mit sich selbst beschäftigt. Jeder Eingriff von außen wurde im Brustton der Überzeugung abgewehrt als der Eingriff Unbefugter in einen heiligen Bezirk.

Diese Heiligsprechung der Universität, ihre Deklarierung zu einem Freiraum autonomer Geister stammt aus der Gründungseuphorie zu Beginn des 18. Jahrhunderts. Der Geist, so hatte es damals geheißen, sei nicht das Bedingte, sondern das Unbedingte. Er müsse sich nach seinen eigenen Gesetzen entfalten dürfen. Niemals dürfe er nur nach pragmatischen Gegebenheiten der Gesellschaft schielen. Für den Geist und infolgedessen auch für seine »Diener« beanspruchte man eine schrankenlose Freiheit, durch die allein sie zu ihren Resultaten gelangten. Es war dies ein Modell, das von denkenden Köpfen für denkende Köpfe gedacht war. Aus jener heroischen Frühzeit stammt auch die Legende, die Universität sei das kritische Gewissen der Nation.

Daß aber schon bald die real existierende Universität diesem hehren

Ideal nicht entsprach, läßt sich aus vielen Symptomen ablesen. Die berühmte akademische Muße, die zum Ausarbeiten bedeutender Werke hätte führen sollen, wurde gefüllt mit Saufgelagen und Fechtritualen, so daß schon damals für Außenstehende die Elite Deutschlands von einem dem Trunke und der Schlägerei ergebenen Männerbund nur schwer zu unterscheiden war. Die Burschenschaften entwickelten die Selbstbestätigungsrituale eines Bundes, der sich allen anderen Männerbünden überlegen glaubte, weil er sich der privilegierten Schicht der Akademiker zugehörig wußte. Eine Beamtenkaste mit dem Bedürfnis nach Hierarchie und rituellem Zubehör hatte sich, wie einst der Klerus, auf Dauer etabliert.

Die Professorenschaft war eine Säule der bürokratischen Herrschaft. Selber verbeamtet, brachte sie das fachlich geschulte Beamtentum mit »extrem langer, oft bis ans Ende des dritten Lebensjahrzehnts reichender Ausbildung« hervor, eine unwiderstehliche Kaste, deren hervorstechendstes Merkmal die Disziplin ist »als die konsequent rationalisierte, d. h. planvoll eingeschulte, präzise, alle eigene Kritik bedingungslos zurückstellende Ausführung des einmal empfangenen Befehls« (Max Weber). In der ständigen Unterwerfungsbereitschaft, in der prompten Identifikation mit den wechselnden Über-Ichs der Geschichte, hat diese Beamtenkaste im Auf und Ab der Regime ihre Privilegien zu erhalten gewußt.

»Der flotte Wechsel von Standbein und Schießrichtung liegt im Wesen des deutschen Staatsdieners. Damit hatte er weder 1945 noch 1918 noch zu Bismarcks Zeiten irgendwelche Schwierigkeiten«, schreibt Hans Halter. Auch nicht nach 1989, als die NVA, nachdem sie alle übrigen Gruppen entwaffnet hatte, bereit war, sich fest auf den Boden der nunmehr freiheitlich-demokratischen Grundordnung zu stellen. Für den Universitätsprofessor heißt das entsprechend, daß er nur mit jedem Regimewechsel die geistige Identität zu wechseln braucht, um unbehelligt übernommen zu werden, wie jener Dr. B., von dem Karl Löwith (diskreterweise ohne Namensnennung) in seinem Buch *Mein Leben in Deutschland vor und nach 1933* berichtet: Vertreter der Phänomenologie Husserls bis 1933, leidenschaftlicher Anhänger der »Bewegung«, die er »Erhebung« nennt, bis 1945, und dann ordentlicher demokratischer Professor in Bonn.

Die wissenschaftlichen Leistungen sind nicht dank, sondern trotz solcher Strukturen entstanden, die man schon im vorigen Jahrhundert verkrustet nennen mußte. Es waren überall Außenstehende und nicht die Dazugehörigen, denen die Wissenschaft ihre eigentlichen Anstöße verdankt. Ich erinnere nur an die Juden, die, selbst nachdem sie zu akademischen Ämtern zugelassen waren, nie ganz dazugehörten und die ja dann auch pünktlich im Jahre 1933 von der autonomen Universität in stillschweigender Übereinstimmung mit den heteronomen Mächten der Gesellschaft über Nacht wieder ausgegrenzt wurden. Und wenn er versuchen wollte, schrieb Dr. B. an Karl Löwith, auch heute noch mit den erprobten Methoden der Destruktion die Hörer zu fesseln (rein hypothetisch, denn Löwith war bereits entlassen), so würde er kein Glück haben, denn die Schlösser der menschlichen Seele seien »über Nacht« geändert worden, und sein Schlüssel würde nicht mehr schließen. Deutschland sei erwacht.

Karl Löwith, Hannah Arendt, Karl Jaspers: es sind vor allem diese Namen, Namen von Ausgeschlossenen, die einem in den Sinn kommen, wenn man an die deutschen Geisteswissenschaften denkt. Ein Beispiel für einen produktiven Außenseiter ist aber auch Max Weber, den die akademischen Rituale so sehr traumatisierten, daß er kurz nach seiner Ernennung zum Professor die Universität wieder verließ.

Das Denken ist eine solche Verlegenheit für die Menschen, daß sie es gerne vermeiden. Selbst auf der Bühne sind denkende Menschen eine Seltenheit. Die erste denkende Bühnenfigur war Hamlet. Aristophanes' Philosophen dachten nicht, sondern waren nur komisch. Solange noch der Rest einer Gegenkraft da ist, löst sie einen Sturm zielloser Fluchtbewegungen aus, bis sich von außen eine schwere Welt auf Zunge, Hände und Augen gelegt hat.

Bleibt die Feststellung, daß es noch vor – sagen wir – dreißig Jahren Köpfe an der Universität gab. Doch dann trat die Urhorde auf, die ihren Vater ermordet hat. Der Vater aber war der böse alte Ordinarius. Der Ordinarius starb, es lebte die Gruppenuniversität, die allerdings bald alle Gruppen ausschaltete außer der Gruppe von Professoren, die als moderne Meute das Erbe des toten Ordinarius in Stücke riß und brüderlich unter sich teilte. Die Studentenrevolte, dieser Protest gegen die Universität als überalterte Institution frei nach dem Motto: »Unter den Talaren, Staub von 1000 Jahren«, hat also paradoxerweise den Studenten die völlige, diesmal aber legale, Entmachtung gebracht. An die eigentlichen Strukturen, die überalterten Rituale einer akademischen Mono- und Männerkultur, ist nicht gerührt worden. Die Frauen haben denn auch durch die Reform sowenig gewonnen wie die Studenten. »Heute ist alles anders«, sagen uns Expertinnen und Sprecherinnen in Ministerien und Frauenbüros. Die Zahlen sprechen eine andere Sprache. Es gibt eine wortreiche Uminterpretation der Situation von Frauen, aber nicht die geringste Änderung auf der Ebene der Fakten – im Gegenteil. Wenn die Entwicklung so weitergeht, wie sie sich jetzt schon abzeichnet, wird die Universität im Jahre 2000, spätestens aber im Jahre 2005, wieder frauenfrei sein. Und dies dank einer Politik der ehemaligen Achtundsechziger, die angetreten waren, nicht bloß die Universität, sondern die gesamte Gesellschaft in Richtung auf einen demokratischen Sozialismus zu verändern.

Thorstein Veblen weist in seiner *Theorie der feinen Leute* darauf hin, daß die Zeremonien und Rituale in den Köpfen der Akademiker als Überbleibsel einer sehr frühen, animistischen Entwicklungsstufe der Menschheit zu gelten haben. Die rituellen Züge, die sich trotz der Abschaffung der Talare im Universitätssystem der Gegenwart nach wie vor geltend machen, sind immer zugleich auch Ausschließungsrituale. Die Universität, von der nach 1945 Impulse zur Erneuerung der Gesellschaft erwartet wurden und zum Teil auch ausgingen, man denke nur an die »Frankfurter Schule«, ist heute wieder zum Hort des Konservativismus und der Regression geworden. Im Selbstverständnis der Akademiker klaffen immer noch Abgründe zwischen der Universität und nur-nützlichen Institutionen, wie beispielsweise einer Fachhochschule. Der Cliquengeist und der archaische Trieb zur Abgrenzung vom Rest der Bevölkerung haben jedes Solidaritätsgefühl mit anderen Gruppen erstickt.

Aber zurück zu den Vorgängen nach 1968. Die Urhorde stürzte sich also auf die Vorzimmer und auf die Sekretärinnen, denen Hören und Sehen verging, weil sie statt eines Chefs nun viele Chefs hatten, die alle mit der gleichen Anmaßung und den gleichen Ansprüchen auftraten wie einst der tote Vater. Der Ordinarienstatus ist nicht abgeschafft, sondern vervielfacht worden. Auch die Autonomie der Universität, heiligstes Zentrum aller Rituale, wurde letztlich nur eingeschränkt, nicht beseitigt. Die Universität war kopflos geworden, und doch blieb es bei der von Köpfen für Köpfe erdachten autonomen Struktur. Heute geht die Tendenz sogar dahin, sie in den neuesten Novellierungen des Hochschulgesetzes in ihrer alten Herrlichkeit wiederherzustellen. Glauben die Politiker, daß auf diese Weise eines Tages magisch wieder

Köpfe nachwachsen werden, oder respektieren sie einfach nur das »Prinzip Clique«, wie sie das »Milieu« und andere mafiose Strukturen der Gesellschaft *nolens volens* respektieren?

Was die Urhorde in ständigen Strategieabsprachen bewirkt hat, ist die Abschleifung sämtlicher Differenzen. Das Denken finde außerhalb der Universitäten statt, hatte Odo Marquard bereits im Jahre 1985 gesagt. Diese Tendenz hat sich seither noch zugespitzt. Unsere alten Herren waren jung, verglichen mit den alternden Nachwuchswissenschaftlern. Außenseiter, dieses Salz der alten Ordinarienuniversität, haben nicht die geringste Chance mehr. Da Stellenbesetzungen, Auswahl für Stipendien etc. unweigerlich durch die Cliquenmehrheit erfolgen, wird immer der Kompromißkandidat durchkommen, der nirgendwo aneckt. Die Clique beherrscht mit ihren Mehrheiten alle Gremien der Universität und reproduziert immer nur sich selber. Die Achtundsechziger waren durch die Studentenbewegung zu kleinen Ämtern gekommen und wurden nun durch die Universitätsreform ohne Leistungsnachweise zu Professoren »übergeleitet«. Es genügte ein Machtwort jener Altlinken, die bereits mit der zweiten Studentinnengeneration verheiratet sind, nachdem sie den langen Marsch durch die Institutionen noch mit Professorentöchtern begonnen hatten. Die Ideologie ist geschwunden, der Zusammenhalt ist geblieben, und sei es auch nur aufgrund abgetriebener Emotionen, die spätestens nach dem vierten Bier wiederkehren, denn auch die linke Clique trinkt, wenngleich formloser als die rechte. Sie alle halten zusammen, wenn es gilt, Mitglieder für die Gremien zu benennen oder Listen zu kippen, wenn eine Kommission es gewagt hat, eine Frau oder den Mann mit dem falschen Parteibuch auf die erste Stelle zu setzen. Nur wer sich vor jedem einzelnen Mitglied der Clique demütigt, hat die Chance, gewählt zu werden.

Universitätspräsidenten wissen meist sehr gut über die Zustände an ihren Universitäten Bescheid und geben schmunzelnd auf internen Feiern Kostproben davon zum besten. Sie wissen, daß das in der Öffentlichkeit noch manchmal geltend gemachte Argument, die Profesoren vernachlässigten nur deshalb die Lehre, weil sie sich ganz der Forschung widmeten, falsch ist. Sie wissen, daß die anonymen Professoren der Clique sich eben deshalb ausschließlich den Intrigen der Gremien widmen können, weil sie gar nicht forschen und infolgedessen auch nicht veröffentlichen; daß sie sogar nur in dem Maße als vollwertige Mitglieder akzeptiert werden, in dem sie unbekannt sind und sich nicht in den Vordergrund drängen; daß die vielen Dienstreisen eine forschungsrelevante Tätigkeit meist nur vortäuschen. Die Universitätspräsidenten wissen das alles, aber sie wollen wiedergewählt werden, darin unterscheiden sie sich nicht von Politikern. Und nur die Clique garantiert jene Mehrheit, die sie gewählt hat und die sie, wenn sie sie nicht verärgern, wiederwählen wird.

Ganz besonders desolat und daher gefährlich ist der Zustand der Geisteswissenschaften. Der Geistbegriff der Geisteswissenschaften hatte vom späten 19. Jahrhundert an, weil er ausdrücklich gegen die Naturwissenschaften abgegrenzt war, etwas nicht Geheures, Nicht-Rationales, Quasi-Aristokratisches und daher Demokratiefeindliches. Geist war das, was übrigblieb, wenn man die universellen, rationalen Gesetze abzog: ein Bodensatz an Individuellem, Einmaligem, etwas, was mit den Volksgeistern, den »geschichtlichen Herkunftswelten« zu tun hatte, die die Naturwissenschaften angeblich zu liquidieren im Begriffe standen und die auf unheimliche Weise wie Gespenster von Zeit zu Zeit wieder auferstehen. Was damit gemeint ist, läßt sich gut am Beispiel von Thomas Manns *Betrachtungen eines Unpolitischen* ablesen, die er während des Ersten Weltkrieges schrieb und in denen er, ganz im Sinne eben dieses Geistes der deutschen Geisteswissenschaften, »das nationale Grundelement seiner Natur und Bildung« gegen einen abstrakten »humanitären Internationalismus« ausspielte. Thomas Mann hat sich später von seinem Buch, in dem er »Zeitdienst« als Kriegsdienst verrichtete, distanziert. Aber die noch vor kurzem von einigen Geisteswissenschaftlern (z. B. Bodo Marquard) vertretene Kompensationsthese: die Beschäftigung mit den »geschichtlichen Herkunftswelten« sei zur Kompensation der vaterlandslosen Naturwissenschaften unvermeidlich, ist gefährlich. Man braucht statt der »geschichtlichen Herkunftswelt« nur »Heimat« und schließlich »Deutschland« einzusetzen, um beim falschen Ausgangspunkt wieder anzulangen. Ist es ein bloßer Zufall, daß auf der einzigen »geisteswissenschaftlichen« Zeitungsseite im deutschen Blätterwald gleich nach der Maueröffnung die deutschen Töne unüberhörbar wiederkehrten, weil endlich die Herkunft wieder die Chance hatte, zur Zukunft zu werden? Die deutschen Geisteswissenschaftler waren nicht bloß aus Opportunismus, sondern auch aus dem Kompensationsgefühl, das sie trug – dem Gefühl der Bedrohtheit durch das naturwissenschaftliche

Zeitalter – geschlossen zum Dritten Reich übergetreten. Redliche Demokraten, wie Jürgen Habermas, haben denn auch nicht auf den »Geist«, sondern auf die spät hinzugekommene, naturwissenschaftlich orientierte Linguistik und ihren Kommunikationsbegriff gesetzt, um dennoch Demokratie an den deutschen Universitäten und sogar an den geisteswissenschaftlichen Fakultäten zu verankern. Ich fürchte aber, daß die linguistischen Regeln zu schmalbrüstig sind, um es mit einer Tradition der undefinierbaren Volksgeister aufnehmen zu können. Die diskutierende Öffentlichkeit ist eine schwache Utopie. Zu sehr vergißt sie die stummen, schlagenden Argumente, aber auch das Widerstreitende, lebendig Dialogische. Es wird zugunsten einer zitierbar einfachen Theorie geglättet.

II. Warum retten uns die freischwebenden Intellektuellen nicht?

Habermas hat die Intellektuellen definiert: »Die Intellektuellen sind in der Regel Wissenschaftler und Künstler, die sich in ihrer Wissenschaft und Kunst einen Namen gemacht haben und die diesen Namen nun für die gute Sache einsetzen.« Hinzuzufügen wäre, daß also die Intellektuellen Leute sind, die sich außerhalb ihrer Spezialbegabung und in verständlicher Sprache (nicht in ihrem Berufsjargon) in Dinge einmischen, von denen sie genau so viel und so wenig verstehen wie andere Bürger auch. Man kann es auch positiv ausdrücken: Sie mischen sich ein, um den Schaden, den Spezialisten und Berufspolitiker anzurichten drohen, möglichst begrenzt zu halten. Im Unterschied zu den Universitätsprofessoren sind sie benennbare Individuen. Das macht sie verletzlicher als die Clique. Die Clique kann jederzeit, wenn die gute Sache von gestern nicht mehr gefragt ist, in die Anonymität wieder abtauchen, wo wie auf Knopfdruck ein kollektiver Meinungswechsel stattfindet.

Intellektuelle sind Einzelne. Zwar vertreten sie nicht ihre eigene Meinung, sondern Strömungen. Es sind (wie Marcel Proust es einmal ausgedrückt hat) Menschen, die die Kraft gefunden haben, von einem bestimmten Zeitpunkt an nicht länger nur für sich selber zu reden, sondern ihre Intelligenz Strömungen zur Verfügung zu stellen. Daher rührt das Labile, stets Wechselnde der intellektuellen Diskurse. Gerade weil sie versuchen, sich in der Schwebe zu halten, weil sie freischwebend und interesselos sind, sind sie bereit, in irgendwelche Interessenfelder hineinzugeraten, die wie Magnetfelder sind. Sie sind bereit oder auch in Gefahr, sich bald von dieser, bald von jener Kraft anziehen zu lassen.

Die »Sachen«, für die die Intellektuellen sich einsetzen, sind auswechselbar. Ob sie gut sind oder schlecht, hängt von der jeweiligen Werteskala des jeweiligen Magnetfeldes ab, das man zugrunde legt. Für Frank Schirrmacher (FAZ) ist heute Georg Lukács gut, obwohl er gestern noch böse war. Für Oskar Negt ist heute Carl Schmitt gut, obwohl er ihn noch gestern mit scharfsinnigen Argumenten bekämpft hat. Sie haben uns noch nie gerettet, die Intellektuellen. Vielleicht hängt dies nicht zuletzt damit zusammen, daß es die gute Sache gar nicht gibt oder besser: daß es für denkende Menschen sehr schwierig ist, sie zu definieren. Die einen, so Konrad Adenauer, Ludwig Erhard oder Franz Josef Strauß, fanden »unsere« Intellektuellen gefährlich. Anderen wiederum waren sie viel zu harmlos: »Die so genannte linke Opposition in Deutschland, die Gruppe 47 und diese ganzen oppositionellen Intellektuellen«, schreibt Hannah Arendt an Karl Jaspers (Brief vom 15. Mai 1965), »haben in dieser Hinsicht (gemeint ist Nazideutschland, E. L.) ihre Regierung ganz in Ruhe gelassen. Die haben von Kapitalismus und Ausbeutung und Gott weiß was gefaselt – alles ganz ungefährlich; aber sie haben weder die Nazis im Staatsapparat angegriffen, noch die Frage der Grenzen zur Diskussion gebracht, noch sich schließlich mit Dir in der Frage der Wiedervereinigung solidarisch erklärt, sie haben sich aus der Politik herausgehalten unter großem radikalem Geschrei.«

Ich werde nicht die These vertreten, daß es »rechts« und »links« nicht mehr gibt. Um jedoch genau sagen zu können, wo rechts und wo links ist, muß man flächig denken und sich selbst im Zentrum glauben. Wie aber, wenn wir von einer zentrierten zu einer dezentralen Auffassungseinheit übergingen? Ist wirklich immer derjenige, der im Gegenstrom gegen den Strom schwimmt, ein Rechter? Zumindest eines haben rechte Intellektuelle und linke Intellektuelle gemein: Sie sind Intellektuelle. Martin Walser ist nicht weniger intellektuell als Günter Grass, und beide stehen an Intellektualität Hans Magnus Enzensberger in nichts nach, auch wenn der, wie Walser lustig konstatiert, für seine überraschenden Thesen das Verfallsdatum stets mitliefert. Es kommt schon zuweilen vor, daß Intellektuelle, nur um originell zu sein, ziemlich absurde Meinungen vertreten. So las ich neulich einen Artikel von Jean Baudrillard, in dem er allen Ernstes für die armen verachteten Politiker eintrat und gegen die Juristen Stellung bezog, die es gewagt hatten, sie für korrupt zu halten. Gewöhnlich jedoch neigen Intellektuelle dazu, sich an den Fünfjahrespräsidenten und Fünfjahreskanzlern zu rächen, vor allem dann, wenn diese sich über jedes vernünftige Maß hinaus ständig wiederwählen lassen; wie übrigens Politiker dazu neigen, sich ihrerseits an den bösen Juristen zu rächen, die ihnen ständig die Verfassung um die Ohren schlagen, so etwa, indem sie listig ihr Gehalt an das der ungeliebten Richter anzukoppeln versuchen.

Aber zurück zu den Intellektuellen. Ich unterstelle ihnen keineswegs, daß sie korrupt sind, ich stelle nur fest, daß sie, um sich auf dem freien Markt zu behaupten, zu jedem gegebenen Zeitpunkt das Magnetfeld repräsentieren, in das sie gerade geraten sind. Die Konstellationen und Begriffsmoden wechseln – »alle fünf Jahre«, behauptet Augstein – und mit ihnen auch die Beobachtungsfelder. Ist es nicht gerade die Beweglichkeit seines Geistes, die den Intellektuellen zu einem solchen macht?

Intellektuelle sind Seismographen für die vielen Strömungen, die es in einem Lande gibt. Sie sind Seismographen für kommende Trends. Sobald der Trend, den sie vorhergesehen haben, eintritt, gähnen sie. Und so ist es nicht sehr verwunderlich, wenn sie es ablehnen, sich ständig zu vorhandenen, breitgetretenen Themen zu äußern. Sie »haben« die Meinungen nicht, sondern drücken sie aus. Das macht sie besonders geeignet, in der ersten Linie zu stehen, wenn Gruppen einander bekämpfen.

Länder, in denen es keine Intellektuellen gibt, sind zu bedauern. Aber es gibt, Gott oder Allah oder Schiwa sei Dank, ein solches Land gar nicht mehr. »Hier kämpft nicht Orient gegen Abendland«, sagte Taslima Nasrin in einem Interview. »Der Kampf, in dem sich unsere Gesellschaften befinden, ist ein Kampf zwischen Fundamentalisten und Säkularisten, zwischen blindem Glauben und logischem Verstand, zwischen Konservativismus und Moderne.« Länder, die ihre Intellektuellen umbringen, verstümmeln sich selber. Die Intellektuellen sind das Salz einer jeden Gesellschaft. Ohne sie wäre alles unendlich langweilig und fade. Es reicht dann allenfalls noch für die Wirtschaft oder für den Sport.

Intellektuelle sind keine Priester, und man darf von ihnen keine Predigten verlangen, aber sie mögen es auch nicht, wenn andere ihnen Predigten halten. Priester sind immer damit beschäftigt, die Verbreitung irriger Gedanken zu verhindern. Intellektuelle sind immer damit beschäftigt, irrige Gedanken zu denken. Sie sind dazu da, eine Vielheit von Meinungen zu artikulieren; sie sind, mit anderen Worten, der lebende Beweis dafür, daß es die richtige Meinung gar nicht gibt. Wenn ein Intellektueller anfängt zu predigen, kann man sicher sein, daß er in einem Anfall von Selbsthaß handelt. Allerdings gibt es keinen Intellektuellen, der nicht periodisch solche Anfälle hätte. Man erkennt dies daran, daß er mit begleitendem Fanatismus bereit ist, seinen Intellekt einem möglichst geistlosen Ziel zur Verfügung zu stellen.

Die meisten Intellektuellen schwanken ständig hin und her zwischen Geisthaß und Selbstüberschätzung. Sie spiegeln in diesem Schwanken immer auch das Verhältnis der Gesellschaft »ihren« Intellektuellen gegenüber wider. Journalisten verachten Intellektuelle. Journalisten sind, wie ihr Name schon sagt, Gefangene des Tages. Sie sind ganz der Gegenwart unterworfen. Selbst an literarische Werke legen sie einen rein inhaltsbezogenen Maßstab an. Literaten hingegen haben den Ehrgeiz, verschiedene Zeiten zusammenzubringen. »Vergegenkunft« nennt dies Günter Grass. Das mag aus journalistischer Sicht zu Verkennungen führen, es führt aber zugleich auch zu größerer epischer Gerechtigkeit, denn die Menschheit ist nicht erst einen Tag alt. Der Konflikt zwischen Journalisten und Literaten, der sich in letzter Zeit wieder einmal zuspitzt, hat zweifellos etwas mit dem Selbsthaß der Intellektuellen zu tun, aber nicht nur. Ich glaube, er hängt auch damit zusammen, daß Prestige und Macht zwischen den beiden Gruppen ungleich verteilt sind. Intellektuelle sind Intellektuelle geworden, weil sie einen Konflikt mit der Macht hatten. Eben daraus gewinnen sie ihr Prestige. Sie sehen ihre Aufgabe darin, um jeden Preis kritisch zu sein, den Finger auf die Wunde zu legen. Würdigungen des Status quo wie: »dies ist der beste Staat, den es auf deutschem Boden je gab«, überlassen sie den Politikern.

Ein Intellektueller ist jemand, der alles Gedruckte liest. Alles kann für ihn Stoff zum Nachdenken werden, nicht bloß die großen Ereignisse. Eine kleine Notiz wie: »Die Einfuhr von Organen ist zulässig, wenn nicht genügend Ersatzteile zur Verfügung stehen«, genügt ihm. Intellektuelle sind neugierig und ungeduldig. Sie fallen daher auf alle Revolutionen herein, auch wenn sie sich hinterher meistens ärgern. Richard Wagner hätte etwas darum gegeben, wenn er nicht auf die Revolution von 1848 hereingefallen wäre, und Baudelaire hat sich nach seinem Reinfall strengste Abstinenz von der Politik verordnet. Hans Magnus Enzensberger und Karl Markus Michel sind auf die revolutionsähnlichen Bewegungen des Mai achtundsechzig hereingefallen, von all den anderen zu schweigen, die auf die marxistische Revolution, eine Revolution der Berufsrevolutionäre, herein- und/oder ihr anschließend zum Opfer gefallen sind (s. Teil III).

Intellektuelle sind Spätaufsteher. Sie versäumen das Wesentliche, denn die Menschen der Tat stehen früh auf. In den frühen Morgenstunden wird das Pflaster aufgerissen; noch vor Morgengrauen finden die Hinrichtungen statt. Prometheus, der Handelnde, stößt die Fensterläden auf, wenn Epimetheus, der ewig nur Reflektierende (der obendrein auf Pandora hereinfällt), sich endlich, nach durchwachter Nacht, schlafen legt, »des Hahnes Krähen fürchtend und des Morgensterns voreilig Blinken«. Intellektuelle sind immer enttäuschend, weil sie »uns« nie sagen, was »wir« zu tun haben.

In Deutschland hat es übrigens bis zu Beginn dieses Jahrhunderts keine Intellektuellen gegeben, nur Käuze, weil es keine Großstädte gab. Und, wer weiß, vielleicht sind bis heute viele deutsche Intellektuelle in irgendeiner Ecke ihres Bewußtseins Käuze geblieben, Sektierer, die, wie ihre Vorgänger Wagner, Goethe oder Arno Schmidt, sich stolz in irgendeinem Winkel etablierten, der dann, wenn sie Pech haben (oder ist es Glück?), zum Pilgerort wird.

Paul Valéry hat beschrieben, wie ein Mann (natürlich ein Intellektueller), der lange auf dem Lande gelebt und gedacht hatte, in seine Stadt und damit auf den Markt zurückkehrt: Während der Schnellzug seine Knochen und Ideen durcheinanderschüttelt – ein Gehirn, das nachts durch einen Schnellzug gequält und gerüttelt wird, *muß* ja moderne Literatur erzeugen –, hat er eine Vision. Er sieht eine Wolke vor sich: das intellektuelle Paris, in dem er unterzugehen droht und von dem er sich gleichwohl angezogen fühlt:

»Und der Zug jagte noch immer dahin und warf ungestüm Pappeln, Kühe, Scheunen und alle Erdendinge hinter sich, als würde er von Durst getrieben, als führe er dem reinen Gedanken oder irgendeinem Stern entgegen, ihn zu erreichen. Welches höchste Ziel kann eine so gewaltsame Entführung erheischen, und ein so heftiges Wegjagen von Landschaften zu allen Teufeln?

Wir nahten der Wolke. Namen flammten auf, andere verblaßten. Der Himmel erfüllte sich mit politischen und literarischen Meteoren. Die Überraschungen prasselten. Die Sanften blökten, die Störrischen miauten, die Fetten brüllten, die Mageren schnauften.

Parteien, Schulen, Salons, Cafés, alles ließ sich vernehmen. Die Luft genügte nicht, der Äther mußte Botschaften übermitteln. Man wurde betäubt vom Klirren eines Duells, bei dem die Degen Blitze waren; und gar manche Armseligkeiten verbreiteten sich mit Lichtgeschwindigkeit bis an die Grenzen der Welt.

Ich sah im Geist den Markt, die Börse, den abendländischen Basar, worin Wahnvorstellungen ausgetauscht werden. Ich war beschäftigt mit den Wundern des Wandelbaren, mit seiner erstaunlichen Dauer, mit der Kraft der Paradoxe, der Widerstandsfähigkeit der verbrauchten Dinge. Alles nahm Gestalt an.

Geistige Kämpfe wurden Teufelsneckereien. Die Mode und die Ewigkeit packten sich am Genick. Der Rückständige und der Fortschrittliche balgten sich um den Punkt, von dem aus man abstürzt. Selbst die neuen unter den Neuheiten gebaren sehr alte Folgen. Was die Stille erarbeitet hatte, wurde vom Ausrufer feilgeboten. Kurz, alle möglichen geistigen Ereignisse traten rasch in Erscheinung vor meiner halb noch schlummernden Seele. Sie wurde von Schreck, Ekel, Verzweiflung und von einer entsetzlichen Neugierde erfaßt, während sie, gänzlich müde und wirr, dem gedachten Schauspiel dieser ungeheuren Tätigkeit zuschaute, die man *intellektuell* nennt... INTELLEKTUELL?...«

Die Passage stammt aus Valérys Buch *Monsieur Teste*. Ein seltsames Wesen, dieser Herr Kopf, das in allen Intellektuellen steckt, bis heute, das sie aber nicht sind, denn niemand kann länger als zehn Minuten lang Monsieur Teste sein.

Auch Herr Kopf steht im Stau. »Da liegt Matsch auf der Straße«, sagt der Viehtransportfahrer, der von oben die Situation überblickt. Nach zwei Stunden ist die Autobahn wieder sauber.

Auch Herr Kopf sitzt übermüdet vor den Medien, vor der zweiundfünfzigsten Folge irgendeiner Soap-Opera. Er sieht Kinkel im Termingewitter, Kohl nach dem Abspecken und hört sich seine Reden an, bei denen Possessiv- und Personalpronomen den Betonungsschwerpunkt bilden: »*Wir* haben das Steuer übernommen«, »*wir* haben unsere Zukunft im Blick«. Mehrheitsschmiedende Vereinnahmungsformeln für ein Demokratieverständnis, auf das »wir« uns geeinigt haben seit der Vereinigung.

Auch Herr Kopf hat die Zukunft im Blick, allerdings erblickt er eine Welt, in der nur noch das kleinstmögliche Gehirn und der größtmögliche Geldbeutel zählen. Übrigens: Kein Intellektueller würde je seine Kinder dazu anhalten, in seine Fußstapfen zu treten. Kinder von Intellektuellen sind meist Naturwissenschaftler. Das Denken hat kein Geschlecht, es pflanzt sich nicht fort.

Stehen also die unbefriedigten, freischwebenden, interesselosen, überflüssigen Intellektuellen zur Entsorgung an? Sterben sie aus? Wenn der Wandel so konstant ist, wie Valéry sagt, werden sie Mittel und Wege finden, trotz des Orkans elektronischer Verdummung, dem sie von Kindesbeinen an ausgesetzt sein werden, in völlig neuer, überraschender Form wiederzukehren.

III. Warum retten uns die Berufsrevolutionäre nicht?

Eine Welt ist zusammengebrochen, nicht nur in der sogenannten Wirklichkeit, sondern auch in unseren Köpfen. Denn das war doch das Besondere am Weltreich des Sozialismus, daß es nicht bloß durch Panzer und Bajonette, sondern auch durch eine Theorie zusammengehalten wurde. Es gibt Autoren, die mit guten Gründen behaupten, dank des Marxismus-Leninismus sei das russische Reich, das bereits im Jahre 1905 bröckelte, noch einmal für eine Weile zusammengehalten worden. Eine Theorie als Gesellschaftskitt! Grund genug, über diese seltsame Theorie nachzudenken. Die Theorie mit der magischen Wirkung hat ihre Ursprünge im Westen, um es genauer zu sagen, in Deutschland. Die Beschäftigung mit ihr und ihren verheerenden Wirkungen wäre somit ein Desiderat der Aufarbeitung all dieser deutschen Vergangenheiten, die nicht vergehen wollen. »Aber der wissenschaftliche Sozialismus ist nun einmal ein wesentlich deutsches Produkt«, schreibt Friedrich Engels in der Einleitung zu seiner Schrift *Die Entwicklung des Sozialismus von der Utopie zur Wissenschaft*, »und konnte nur bei der Nation entstehen, deren klassische Philosophie die Tradition der bewußten Dialektik lebendig erhalten hatte: in Deutschland. Erst indem die in England und Frankreich erzeugten ökonomischen und politischen Zustände der deutsch-dialektischen Kritik unterworfen wurden, erst da konnte ein wirkliches Resultat gewonnen werden.« Den Sozialismus als Utopie abtun, hieße ihn verharmlosen. Er gehört in die Tradition einer Philosophie der Tat von Fichte bis Hegel, die obendrein für sich beanspruchte, Wissenschaft zu sein. Die Unterwerfung der ökonomischen und politischen Zustände unter die deutsch-dialektische Kritik, von der Engels spricht, ist nichts anderes als eine von Idealisten erdachte Planwirtschaft der Vernunft. Die deutsch-dialektische Theorie war von Anfang an auch politische Theorie. Sie hat einen neuen Typus des Intellektuellen hervorgebracht: den skrupellosen Intellektuellen der Tat. Auf östliche und westliche Köpfe hat die deutsch-dialektische Theorie eine immense Anziehungskraft ausgeübt, eine Attraktivität, die sich allerdings für die betroffene Bevölkerung verlor, je unerbittlicher sie in Praxis umgesetzt wurde.

»Die Frage, ob dem menschlichen Denken gegenständliche Wahrheit zukomme«, schreibt Karl Marx in seinen Feuerbach-Thesen, »ist keine Frage der Theorie, sondern eine praktische Frage. In der Praxis muß der Mensch die Wahrheit und Macht, Diesseitigkeit seines Denkens beweisen.« Der wissenschaftliche Sozialismus hat den halben Globus in ein immenses Experimentierfeld verwandelt, auf welchem die Wahrheit einer Theorie erprobt werden sollte. Ob Leninismus, Stalinismus, Maoismus oder Pol-Pot-Regime, das Prestige wuchs diesen Theorien aus ihren Anwendungen zu. Dank einer ganz neuen Spezies, der Berufsrevolutionäre, wurde der Abgrund zwischen Theorie und Praxis überbrückt. Lenin hatte in *Was tun?* beschlossen, die ohne ihn, ohne die Partei ausgebrochene Revolution in Richtung auf die »richtige«, planmäßige Praxis noch einmal zu revolutionieren. Der spontanen Revolution im Februar 1917 folgte der wissenschaftliche Staatsstreich im Oktober. Lenins Trupp der Berufsrevolutionäre bildete eine Art Mafia der Vernunft, eine lebenslänglich verschworene Brudergemeinde. Keiner kam ohne Kontrolle hinein, und ein Aussteigen war unmöglich. Stalin, der Genosse Karthoteko, hat dann seinerseits ein neues Kartenspiel aufgerissen. Lenins Avantgarde wurde beseitigt und durch Stalins Nomenklatura ersetzt: ein funktionierender Apparat aus Menschen.

Wenn der mächtigste Mann im Staate sich zugleich als Vertreter der Vernunft auf Erden, als oberster Wissenschaftler fühlt, dann wehe den Versuchspersonen! Ganze Bevölkerungen wurden ausgetauscht, ermordet, hin- und hergeschoben. Die Bauern der Ukraine wurden mittels einer planwirtschaftlich erzeugten Hungersnot dezimiert. Der einzige, der meines Wissens den Gebrauch der Vernunft dieser obersten Planer im voraus adäquat beschrieben hat, ist der Marquis de Sade. Die Menschen treten unfreiwillig für die Dauer ihrer Lebenszeit in ein Experiment ein. Das Beste, was ihnen passieren kann, ist, wenn sich am Ende herausstellt, daß die Theorie falsch war, vorausgesetzt, daß nicht sofort mit einem Großversuch in die entgegengesetzte Richtung begonnen wird.

»Ohne allgemeine Wahlen, ungehemmte Presse- und Versammlungsfreiheit, freien Meinungskampf, erstirbt das Leben in jeder öffentlichen Institution, wird zum Scheinleben, in dem die Bürokratie allein das tätige Element bleibt. Das öffentliche Leben schläft allmählich ein. Eine Elite der Arbeiterklasse wird von Zeit zu Zeit zu Versammlungen aufgeboten, um den Reden der Führer Beifall zu klatschen, vorgelegten Resolutionen einstimmig zuzustimmen, im Grunde also eine Cliquenwirtschaft – eine Diktatur, aber nicht die Diktatur des Proletariats«, so sah es Rosa Luxemburg bereits im Jahre 1918! Kein Wunder also, daß in den Ostblockstaaten noch bis in die 80er Jahre hinein Rosa-Luxemburg-Zitate als subversiv galten.

Das Prinzip Clique ist systemübergreifend. Es ist an die Stelle der Klassenkämpfe getreten. Auch Max Horkheimer hat es wieder eingeführt, als er, so etwa um die Zeit des Hitler-Stalin-Paktes, an der Überlegenheit des Sozialismus über den Kapitalismus zu zweifeln begann. Er nannte die Cliquen »rackets« und stellte fest, daß das Prinzip Clique immer neue Formen der Anpassung erzwingt.

Jeder Tag nach der Vereinigung brachte neue Enthüllungen. Heute wissen wir, daß selbst noch die oppositionellen Strömungen in der ehemaligen DDR von erfahrenen Stasi-Leuten gesteuert wurden. Sogar die Literatur läßt sich planen. Sofern ein Parteitag es beschließt, beschreiten Autoren den »Bitterfelder Weg«, auch wenn es schwerfällt. Und wenn dann das nächste oder übernächste Plenum des ZK Lockerungen einräumt, atmen Autoren erleichtert auf und holen ihre liberaleren Manuskripte aus der Schublade. Wir wissen heute, daß nicht nur Gene manipuliert, sondern ganz nach Wunsch die Politisierung und sogar noch die Entpolitisierung der Literatur von leitenden Überwachern geplant werden können. Man braucht nur Spitzeln – in Moskau hießen sie *rabkors* – je nach ästhetischer Windrichtung die automatische Schreibweise oder die konkrete Poesie beizubringen.

Fast möchte man auf den pessimistischen Gedanken kommen, daß das Bewußtsein zu manipulieren, also eine flächendeckende Gleichmachung der Gehirne, viel leichter zu bewerkstelligen ist, als eine auch nur annähernd gleiche Verteilung der Güter in der Wirtschaft. Schon im Westen sehen wir Politiker, die doch für die Zeit ihrer Wahl hauptamtlich fürs Gemeinwohl tätig sein sollten, in die eigene Tasche arbeiten. Kürzlich haben Abgeordnete, in einer Zeit, da man Arbeitnehmern allerhöchstens 4 % Erhöhung zugestehen will, ihre Bezüge um 300 % zu erhöhen versucht unter Hinweis auf die entsprechenden Gehälter und Renten in der freien Wirtschaft oder anderswo. Wenn es nun aber Quellen des Reichtums außerhalb des Staates nicht mehr gibt? Dann ist der Staat zur einzigen Quelle des Reichtums geworden. Der Staat besaß alles im real existierenden Sozialismus, und die ihn besaßen, saßen an der Quelle. Hundert gedachte Thaler und hundert wirkliche Thaler sind nicht das gleiche, hatte Fichte gesagt. Hundert gedachte Thaler kann man in der Theorie gerecht verteilen. In der Praxis hängt die Verteilung von den jeweiligen Versuchsbedingungen ab. Demokratie, Offenlegung der Verhältnisse können da Wunder wirken.

Im Sozialismus, der sich hartnäckig weigerte, zum Kommunismus überzugehen, obwohl dieser Übergang mitsamt der Abschaffung des Staates doch als gesetzmäßig vorhergesagt war, fielen die Einkommensverhältnisse unter das Amtsgeheimnis. Hätte nicht Stalins Tochter ihre Memoiren geschrieben, wüßten wir nicht, daß Stalin und mit ihm einige wenige Eingeweihte sich für alles, was an privaten Ausgaben so anfiel, direkt aus der Staatskasse bedienten. Die geheimen Umschläge aus der Wirtschaft, über die unsere Politiker zu stolpern pflegen, waren da gar nicht nötig. Die Staatskasse war, selbst wenn sie leer war, immer noch voll genug, die Läden der Nomenklatura so gut bestückt, daß diese Klasse ein Interesse am Funktionieren der Gesamtwirtschaft gar nicht zu haben brauchte.

Die rasche Erfüllung von Plänen war so wenig gefragt, wie es die rasche Erledigung von Akten in einer Bürokratie ist. Oftmals erledigen all diese »Fälle« sich durch langes Liegen von selber. Daß es dabei zu Engpässen kam und, vor allem in der Sowjetunion, zur zunehmenden Verelendung der arbeitenden Bevölkerung, konnte in Kauf genommen werden, da die Nomenklatura von dieser Bevölkerung nicht gewählt wurde. Jelzins Beliebtheit bei der Bevölkerung, der seine Unbeliebtheit bei der Nomenklatura entsprach, selbst noch bei Gorbatschow, soll daher rühren, daß er der erste war, der mehr Gerechtigkeit in der Wirtschaft gefordert hatte, nicht etwa eine Gleichheit der Gehälter – nach wie vor sollte ein Minister mehr verdienen als ein Arbeiter –, aber gleiche Kaufkraft des Rubels für alle.

Was Fichte und andere Idealisten sich anhand von gedachtem Geld vorgestellt hatten: daß die weisen Überwacher des Vernunftexperiments – Fichte nennt sie Ephoren – die Wirtschaft zu lenken hätten, um der Anarchie des freien Marktes zu steuern, ist Punkt für Punkt in die Praxis umgesetzt worden, allerdings mit genau dem entgegengesetzten Effekt als dem geplanten. In seinem »Geschlossenen Handelsstaat«, der den Untertitel trägt: »Probe einer künftig zu liefernden Politik«, schlägt Fichte vor, nur die zur Planung Berufenen, Ausführende einer »wissenschaftlichen Politik«, dürften über Weltgeld, sprich: Devisen, verfügen. Hinzu kommt das Recht – was sage ich –, die Pflicht für diese Planer, zum Wohle aller zu reisen, die anderen aber nicht. Vom Zeitpunkt des Experimentes an haben die Staatsbürger ihre Reichtümer und ihre Rechte beim Staate abzuliefern, wofür sie Sicherheit des Arbeitsplatzes erhalten und ein Geld, das nur im Experimentierfeld, also nur in einem Lande, gültig ist. Die Macht- und Geldfülle, die sich auf diese Weise an der Führungsspitze akkumulierte, sollte von den Vertretern der Vernunft auf Erden, deren Obersten Fichte den »Zwingherrn« nennt, zum Wohle aller eingesetzt und umverteilt werden. Das Experiment hat jedoch gezeigt, daß wirkliche Thaler anders wirken als gedachte Thaler und daß, wo Vernunft und Macht zusammentreffen, sich die Zweck-Mittel-Relation verkehrt. Die Macht tritt dann nicht in den Dienst der Realisierung vernünftiger Zwecke – alle Chancen der Realisierung einer vernünftigen Alternative zum Kapitalismus sind verpaßt worden –, sondern genau umgekehrt tritt die Vernunft in den Dienst einer skrupellosen Machtpolitik.

Der militärisch-industrielle Komplex ist gehätschelt worden, weil er dieser Machtpolitik entsprach. Niemand fühlte sich in diesen Staaten fürs Gemeinwohl zuständig, für die Wohnungen, die Läden, die Landwirtschaft: die Herrschenden nicht, weil sie ihre eigenen Luxuswohnungen, Datschas und ihre eigenen Läden hatten, und die Beherrschten nicht, weil sie für die abgepreßte Arbeit immer nur gedachtes Geld und schöne Phrasen erhielten. So wollten es die Ausgangsbedingungen des Experiments.

IV. Epilog

Die gewaltlose Aufhebung des autokratischen Sozialismus hat viele Intellektuelle in Verlegenheit gebracht, die Intellektuellen im Osten, die ihren Frieden mit dem Regime gemacht hatten, und die Intellektuellen im Westen, die ihren Frieden mit der DDR gemacht hatten, also fast alle. Es war schon verwirrend, wie immer gerade das Gegenteil dessen geschah, was die Theorie vorhergesagt hatte. Die Theorie hatte von einer Kettenreaktion der Revolutionen gesprochen, die zum Zusammenbruch des Kapitalismus führen würde. Statt dessen kam es zu einer Kettenreaktion von Revolutionen, die zum Zusammenbruch des Sozialismus führte. Die Theorie hatte davon gesprochen, daß das ökonomische Sein immer das Bewußtsein bestimmt. Statt dessen war in den sozialistischen Ländern, allen voran in der Deutschen Demokratischen Republik, eine unvorstellbare Manipulation des Bewußtseins veranstaltet worden, dessen Inhalte in krassem Mißverhältnis zur ökonomischen Lage standen.

Als das Volk mit seinen Trabis die Straßen besetzt hielt, als es die Riesenkrake des Ministeriums für Staatssicherheit in der Normannenstraße stürmte und auch einmal in Wandlitz vorbeischaute, als dann Helmut Kohl den Herrgott durch die Weltgeschichte schreiten sah und, wie einst Lenin, hinten aufsprang, als die seit vierzig Jahren nur als Phrase beschworene deutsche Wiedervereinigung tatsächlich vor der Türe stand, hatten fast alle ihre Probleme, nicht bloß die Intellektuellen.

Die einen, die ehemals Linken – und ich rechne mich dazu –, weil sie seit eh und je ein gestörtes Verhältnis zur Nation und überhaupt zum Irrationalen hatten. Sie, die die in der deutschen Geschichte so rare Vernunft vertreten, haben ein irrationales Verhältnis zum Irrationalen. Sie analysieren es nicht kühlen Kopfes, sondern sie verdrängen es: blinder Reflex einer fraglosen Ethik. Verdrängen heißt nicht lösen. Und so hatten die Linken das Problem der Nation verdrängt, aber nicht gelöst. Was jedoch die ehemals Rechten angeht, so sind auch sie in eine Krise geraten. Bis vor kurzem war die Situation einfach, weil durch den Kalten Krieg programmiert. Mit dem Zusammenbruch der kommunistischen Welt ist diese Polarität in Frage gestellt worden. Es gibt nun einige, die glauben, daß dieser Zusammenbruch nur die östlichen (also nur die kommunistisch orientierten) Länder betrifft und daß das Ende

der Ost-West-Spannungen einen Sieg des Westens bedeute. Sie über-
sehen dabei, daß der Kalte Krieg auf beiden Seiten stabilisierend gewirkt hat, daß also durch den Zusammenbruch des kommunistischen *leider*
Pols auch der Westen ins Schlingern geraten ist, politisch, ökono-
misch, intellektuell und moralisch. Alles drängt auf Veränderung hin.
Die alten Positionen existieren nicht mehr. Seit sie ihr anderes nicht
mehr hat, ist auch die westliche Position nicht mehr zu halten.

In dieser Situation ist es auffallend, daß gerade die Konservativen
ein eminentes Interesse an der Beibehaltung der alten Positionen haben. Da der Stalinismus nicht mehr existiert, ergreift beispielsweise
FAZ-Mitherausgeber Schirrmacher die Stalin-Keule und schleudert sie
gegen das, was er für Avantgarde hält. Die Kunst soll das Stabile sein
bei all dem schwindelerregenden Wechsel. Sie soll nicht mehr anstrengend sein, sondern verständlich.

Die Clique lähmt die Intelligenz. Während die Universitätsprofessoren mit sich selber beschäftigt sind und die ehemals Linken mehr oder
weniger verstört schweigen, bereiten die Konservativen überall in
Europa lauthals ihre Wiederkehr vor. Dabei braucht man nicht einmal
die Menschen, nur die Meinungen auszuwechseln. Unter dem Vorwand der Tabudurchbrechung werden Tabus, mit denen die liberale
Gesellschaft seit 1968 gebrochen hatte, wieder aufgerichtet. Unter
dem Vorwand einer postmodernen Gesellschaft predigen Wertkonser-
vative die Rückkehr zur Vormoderne. Nur ein paar Kleinigkeiten,
heißt es, wie allzuviel Sozialstaat, allzuviel Emanzipation der Frauen,
Demokratisierung der Bildung und andere Flausen (z. B. die Duldung
der Homosexualität) gelte es rückgängig zu machen. Schirrmacher
und Reich-Ranicki haben sich gegen die Moderne in der Literatur ver-
bündet. Arm in Arm verkünden sie das Dogma vom kapitalistischen
Realismus.

Die Krise ist permanent und besteht weiter. Die Ostintellektuellen
können nicht mehr auf die Vorteile ihrer früheren Versklavung hoffen.
Sie haben ihre politische Freiheit errungen, aber ihr Publikum verloren. Mag sein, daß einige von ihnen klammheimlich dem Personenkult
als einer letzten Variante des Geniekults nachtrauern, während wir
Westler uns umgekehrt nach der schicksallosen Banalität der alten
Bundesrepublik zurücksehnen. Es war nun einmal Bonns Schicksal,
keines zu haben.

Aber zurück zu jener Plötzlichkeit der Stimmungsumschwünge.

stimmt leicht

Kaum jemand, außer den Intellektuellen, gab zu, von den Ereignissen überrascht worden zu sein. Und wie einstmals, als wie auf Knopfdruck alle Professoren auf einmal nordisch dachten, so ließen über Nacht alle Journalisten auf einmal Christa Wolf fallen, auch diejenigen, die sie noch eben als Heldin gefeiert hatten, weil sie sie für Kassandra hielten. Als es begann, sich herumzusprechen, daß in der ehemaligen DDR Tausende von Bürgern ihre Nachbarn, Gläubige ihre Glaubensbrüder und -schwestern, konkrete Lyriker ihre Mitlyriker und Pfarrer die ihnen anvertrauten Gemeindemitglieder bespitzelt hatten (wahrlich kein Ruhmesblatt für den protestantischen Sozialismus), waren es wiederum nur die Intellektuellen, deren Schuld öffentlich verhandelt wurde, während Politiker wie Manfred Stolpe völlig unbehelligt bis heute den braven SPD-Ministerpräsidenten spielen können.

Wohlgemerkt, ich will nicht die Unschuld der namhaften Intellektuellen behaupten. Ich meine aber, daß sich in das Verhältnis der Gesellschaft zu »ihren« Intellektuellen ein chronisches Mißverhältnis und Mißverständnis eingeschlichen hat. Wo steht geschrieben, daß ein Mann oder eine Frau, die sich aufgrund spezialisierter Fähigkeiten einen Namen gemacht haben, moralisches Vorbild sein müssen? Dies Mißverständnis hängt mit einem Prinzip zusammen, das ich das Prinzip der Stellvertretung nennen möchte.

Was ich damit meine, will ich an einem Beispiel deutlich machen. Charlotte Beradt, eine Freundin Hannah Arendts, hat vor ihrer Emigration in ihrer Umgebung Träume gesammelt, die sie in dem Buch *Das Dritte Reich des Traums* wiedergibt und kommentiert. In diesen Träumen kommt immer wieder eine Figur vor, die sie den »Ersatzmeinungssager« nennt. Die Ersatzmeinungssager sagen das, was die Träumer als Wahrheit erkannt haben, sich aber nicht zu sagen getrauen. Hier der Traum eines Bauarbeiters, 38 Jahre alt, aus dem Jahre 1935. Er ist auf der Post, steht vorn am Schalter, hinter ihm eine lange Schlange Menschen. Man verkauft ihm keine Marken, weil niemand Marken kaufen darf, der gegen das System ist. Da kommt ein Engländer hinzu (man beachte: ein Fremder) – er schließt sich nicht hinten an, sondern geht direkt nach vorn, stellt sich vor den Träumer und sagt dem Mann hinter dem Schalter die Meinung: »Es ist toll, wie die Leute hierzulande behandelt werden, ich werde in England darüber berichten.« Und der Traum einer 21jährigen Studentin, die sich im Jahre 1935 unter dem Druck der Rassengesetze und auf das Drängen ihrer Familie von ihrem jüdischen Freund, einem Anwalt, getrennt hat: »Ein Klassenzimmer, sehr sehr groß, in der Art eines Auditoriums, auf der linken Ecke der hintersten Bank ich. Vor uns auf einem Podium erhöht der Direktor der Schule, halb meines alten Schuldirektors, halb Hitlers Züge, er heißt Diktierer. Es ist Rassenstunde. Neben Diktierer, aber nicht erhöht, mit dem Gesicht zur Klasse, steht Paul (so hieß mein Freund) als Demonstrationsobjekt. Diktierer fährt mit dem Stock auf seinem Gesicht umher wie auf einer Landkarte. Auf seine Frage, was denn besonders minderwertig sei an den Gesichtszügen des Demonstrationsobjekts, antwortet statt meiner ein alter unscheinbarer Mann neben mir: ›Aber der Herr Doktor ist doch ein sehr anständiger Mensch.‹«

Die Intellektuellen sind in allen Gesellschaften die Ersatzmeinungssager. Denn selbst in Demokratien redet niemand gern offen. »Die Politiker sind sprachlos und nichtssagend«, hat Heinrich Böll gesagt. In der Tat scheinen sie sich an Genschers Devise zu halten, nach dem der beste Politiker derjenige ist, dem es gelingt, am längsten zu reden, ohne etwas zu sagen. Und natürlich halten sich auch die Journalisten aus beruflichen Gründen zurück. »Die Politiker drücken sich, Kirchenmänner sind klug in der Öffentlichkeit – das unkluge, das wahre Wort erwartet man von den Autoren«, so noch einmal Böll in seiner *Ästhetik des Humanen.*

Seit der Wiedervereinigung, die Deutschland so groß gemacht hat, daß man unwillkürlich an Arnold Zweigs Satz aus den 30er Jahren denken muß, »Deutschland als Macht geht auf wie ein Napfkuchen – Deutschland als Sittlichkeit schrumpft zur Fadendünne«, seit Kohl die berühmte Seite ins Buch der Geschichte geschrieben hat, wird ständig nach Kommentaren aus Intellektuellenmund gerufen. Mir scheint da eine geheime Drohung mitzuschwingen. Wehe dem Intellektuellen, der es wagte, durch sein kleines profanes Buch mit dem Heiligen Buch der Geschichte konkurrieren zu wollen (aus Angststreß werden vielleicht seitdem die Bücher so dick?), ein Geschichtsfundamentalismus, der den religiösen Fundamentalismen in nichts nachsteht. Denn auch die Kirchenmänner, zumindest einige unter ihnen, fühlen sich inzwischen wieder mächtig genug, um gegen kritische Intellektuelle ihre Bannbulle zu schleudern: »Burn the books and trust the Book«, wie Salman Rushdie es prophetisch in den *Satanischen Versen* seinem exilierten Imam in den Mund legte.

Alle machen Geschichte, nicht einer. Und wenn die Gesetze der Geschichte aus menschlicher Feigheit gemacht sind, so ist es unmenschlich, nur von einigen zu verlangen, daß sie vollständige Menschen – und das heißt unter bestimmten Umständen Helden – sein sollen. Die Intellektuellen »machen« die Meinungen nicht, sie drücken sie aus. Bourdieus Rede von der symbolischen Gewalt, die sie angeblich ausüben, ist Unsinn, so veraltet, wie es Schelskys These ist. Wenn einer der Intellektuellen einmal spontan und gegen den Trend handelt wie Günter Wallraff, der Rushdie und Nesin einlud, nachdem in der »Tagesschau« unkommentiert gezeigt worden war, wie gleich nebenan, in der Türkei, eine fundamentalistisch entfesselte Menge unter den Augen der Polizei Intellektuelle in ein brennendes Hotel zurücktrieb, dann findet er keine Medienöffentlichkeit. Intellektuelle sind bei uns keine Fernsehstars; nicht einmal in Literatursendungen treten Literaten auf. Nur Nichtssagende – Sportler, Politiker, Kirchenmänner und Kritiker – kommen zu Wort.

Intellektuelle sind Einzelne, aber als solche kann sie nicht einmal mehr der *Spiegel* ertragen. Ich möchte mit einem Satz schließen, den Simone Weil, die Philosophin, nicht die Politikerin, einmal gesagt hat: »Es ist um die Intelligenz geschehen, sobald der Ausdruck des Denkens explizit oder implizit von dem kleinen Wort ›wir‹ begleitet wird.«

Patrik von zur Mühlen
Rückkehr unerwünscht?

Die Deutschen und ihre Emigranten

Die Frage, ob und in welchem Maße die Flüchtlinge aus Hitler-Deutschland nach 1945 als Rückkehrer nur geduldet wurden, nicht erwünscht oder gar unerwünscht waren, läßt sich unterschiedlich akzentuieren. Das mir gestellte Thema richtet sich nach der Unerwünschtheit der Rückkehrer – und so will ich mich auf sie beschränken, die Überschrift aber eigenmächtig mit einem Fragezeichen versehen.

Wie unerwünscht waren die Remigranten nach Kriegsende in Deutschland?

Um diese Frage zu beantworten, ist als erstes darauf hinzuweisen, daß sich dieses Problem in der allerersten Nachkriegszeit gar nicht und dann auch erst ganz allmählich stellte. Wer als Rückkehrer erwünscht war, das bestimmten die Alliierten auf der Grundlage strenger Auswahlkriterien, bei denen sie im Zweifelsfalle Anträge eher ablehnten als billigten. Entscheidend waren hierfür nicht Rückkehrwünsche der Emigranten oder Aufforderungen der Dagebliebenen, sondern politische Kriterien und gute Beziehungen – so etwa im Falle des Exil-Parteivorstandes der SPD, dessen Angehörige schon 1946/47 aus London in die Britische Besatzungszone zurückkehren und sich in Hannover niederlassen durften.

Eine aktive Repatriierungspolitik betrieben nur die Sowjets. Sie fertigten für diesen Zweck die erforderlichen Papiere aus und stellten in einigen Fällen auch die hierfür notwendigen Verkehrsmittel zur Verfügung. Aber der Kreis derer, die durch die SED teilweise durch persönliche Anschreiben zur Rückkehr animiert wurden, war naturgemäß ein ausgewählter: Kommunisten oder Personen, die die Partei für ihre Arbeit gewinnen wollte. Die mit Heinrich Mann geführten Verhandlun-

gen der SED über seine Rückkehr nach Berlin gehören in diesen Zusammenhang. Dies zeugte allerdings nicht von Großherzigkeit und
vom Wunsche, ihre Vertreibung rückgängig zu machen, sondern von
planmäßiger Personalpolitik, von der unpolitische oder andersdenkende Emigranten weitgehend ausgeschlossen waren.

Die deutsche Bevölkerung spielte hier zunächst noch eine Nebenrolle. Sie nahm angesichts ausgebombter Städte und endloser Flüchtlingstrecks aus dem Osten vom Leiden anderer, ja selbst von der Präsenz der aus den Konzentrationslagern entlassenen Häftlinge nur widerwillig Notiz und hätte in einer Zeit, in der britische Truppen bei
norddeutschen Bauern Notquartiere für die Vertriebenen mit Waffengewalt erzwingen mußten, auf eine wahrnehmbare Menge von Rückkehrern vermutlich recht aggressiv reagiert. Damals entstand das in
den ersten zehn oder fünfzehn Nachkriegsjahren gängige Bild, demzufolge die Emigranten das glücklichere Los getroffen hätte, während
man hier Bombenkrieg und Fronteinsatz, Vertreibung und Nachkriegselend habe erleiden müssen. Dieser Topos gedieh später wie eine
Pilzkultur, wann immer an Stammtischen Wiedergutmachungsfragen
diskutiert wurden.

Die offizielle deutsche Politik, soweit sie sich nach 1945 artikulieren
konnte, schenkte dem Thema nur gelegentlich ihre Aufmerksamkeit.
Ende 1945 und im Jahre 1946 hatten einige Länder der Britischen und
Sowjetischen Besatzungszone Modalitäten einer Wiedereinbürgerung
der Exulanten geregelt, womit aber keine aktive Repatriierungspolitik
verbunden war. Im Juni 1947 allerdings gaben die Regierungschefs der
westdeutschen Länder eine gemeinsame Erklärung ab, in der sie ihre
Freude über die erwartete Rückkehr der Emigranten ausdrückten,
gleichzeitig aber vor Illusionen angesichts des Massenelends und der
wirtschaftlichen Not warnten. Es sollte der einzige offizielle Appell
staatlicher Stellen in Deutschland an die Flüchtlinge des Dritten Reiches bleiben.

Alle weiteren offiziellen Verlautbarungen hatten im wesentlichen
die Wiedereinbürgerung zum Gegenstand, die trotz der thematischen
Verwandtschaft juristisch und faktisch von der Rückkehr zu unterscheiden ist. Das sogenannte Länderratsgesetz der amerikanisch besetzten Länder Bayern, Hessen, Württemberg-Baden und Bremen
regelte die Wiedereinbürgerung von Emigranten und damit die Möglichkeiten ihrer Rückkehr, ließ den Behörden aber viel bürokratischen

Ermessensspielraum, hinter dem sie ihre Ablehnung einer Rückkehr von Exulanten verbergen konnten. Einem aus dem Schweizer Exil zurückgekehrten Kommunisten bereiteten die bayerischen Behörden so viele Schwierigkeiten bei der Wiedereinbürgerung und Niederlassung, daß er 1948 in die Sowjetische Besatzungszone weiterwanderte.

Dennoch wäre es falsch, Stammtischressentiments und Schikanen untergeordneter Behörden als *pars pro toto* zu nehmen. In den Beratungen des Parlamentarischen Rates sowie in den Sitzungen einiger seiner Ausschüsse wurde das Problem der Rückkehr der Emigranten und ihre Wiedereinbürgerung wiederholt diskutiert, wobei einige persönlich Betroffene die Beratungen maßgeblich prägten. Die Fassung des Grundgesetz-Artikels 116 Abs. 2 besagt, daß ausgebürgerte Personen und ihre Abkömmlinge auf Antrag wieder einzubürgern sind. »Sie gelten als nicht ausgebürgert, sofern sie nach dem 8. Mai 1945 ihren Wohnsitz wieder in Deutschland genommen haben und einen entgegengesetzten Willen nicht zum Ausdruck gebracht haben.«

Diese Formulierung stellte einen Kompromiß dar zwischen den Parlamentariern, die eine Ungültigkeitserklärung der nationalsozialistischen Ausbürgerungen *ex tunc* forderten, und jenen, die eine solche Erklärung *ex nunc* befürworteten, und berücksichtigte somit die unterschiedlichen Interessen derer, die wiedereingebürgert werden, aber im Ausland bleiben wollten, und derjenigen, die vielleicht nach Deutschland zurückkehren, aber ihre inzwischen andernorts angenommene Staatsbürgerschaft behalten wollten. Für die potentiellen Rückkehrer bedeutete der Grundgesetz-Artikel einen indirekten verfassungsmäßigen Anspruch auf das Recht zur Rückkehr, denn wer nach seiner Niederlassung in Deutschland zwingend als nicht ausgebürgert gilt, sofern er keinen gegenteiligen Wunsch äußert, muß hierzu das Recht haben, seinen Wohnsitz nach Deutschland zu verlegen.

In den Nachfolgestaaten aus der Konkursmasse des Dritten Reiches ist dies der einzige Fall eines verfassungsmäßig verankerten, einklagbaren Rückkehrrechtes der Emigranten. Weder die beiden Verfassungen der DDR noch diejenige Österreichs enthalten eine derartige Regelung. In Österreich mußten Emigranten um ihr Recht auf Rückkehr und Wiedereinbürgerung prozessieren, in einigen spektakulären Fällen vergeblich. Und die DDR, die lange Zeit zu Unrecht im Rufe staatsoffizieller Emigrantenfreundlichkeit stand, praktizierte das Recht auf Rückkehr wie auch das auf Wiedereinbürgerung nach willkürlichen Opportunitätsrücksichten.

Wenn das Problem der Unerwünschtheit der Remigranten sich auf rechtliche Fragen beschränken würde, dann wären unsere Überlegungen zu einem zufriedenstellenden Ergebnis gelangt, dann wäre das Thema damit erschöpft. Die politische Praxis sah komplizierter und vielfach bedrückender aus. Rückkehrer, die sich auf teilweise abenteuerlichen Wegen nach Deutschland zurückschlugen, begegneten nach 1948 im allgemeinen keinen Schwierigkeiten mehr, weder bei der Niederlassung noch bei der Wiedereinbürgerung. Personen dagegen, die vom Ausland aus ihre Wiedereinbürgerung beantragten, um auf diese Weise zurückkehren zu können, mußten an den bürokratischen Hürden und Schikanen von seiten deutscher Botschaften und Konsulate erkennen: Sie waren zwar nicht unerwünscht, aber auch nicht sehr erwünscht. Erst auf Intervention des damaligen – durch seinen Vergleich Bertolt Brecht / Horst Wessel bekanntgewordenen – Bundesaußenministers Heinrich von Brentano, dessen Bruder Bernhard selbst im Exil gewesen war, änderte der Auswärtige Dienst – und dies sei zugunsten des Ministers festgestellt – sein Verhalten gegenüber rückkehrwilligen Emigranten. Dennoch gab es nach wie vor immer wieder Einzelfälle, in denen die Entscheidungen von Behörden und Gerichten ein peinliches Defizit an Sensibilität gegenüber den früheren Flüchtlingen erkennen ließen.

Die Distanzierungsversuche der frühen Bundesrepublik vom Dritten Reich hatten etwas Bemühtes und wirkten daher um so mehr aufgesetzt und künstlich, als eine inhaltliche Auseinandersetzung um die NS-Zeit nicht oder nur vordergründig stattfand – eine Atmosphäre von Verständnislosigkeit und Heuchelei, die in Wolfgang Koeppens Roman *Das Treibhaus* die Hauptperson, einen remigrierten Bundestagsabgeordneten, schließlich in den Freitod treibt. Rückkehrer gab es zwar überall im öffentlichen Leben. Auf sie wird noch im einzelnen einzugehen sein. Aber nicht selten wurden sie nur unter dem Gesichtspunkt akzeptiert, daß sie durch ihre Präsenz als Alibi- und Konzessionsemigranten die Dagebliebenen rehabilitierten – und nicht umgekehrt.

Der Grad von Unerwünschtheit der zurückkehrenden Emigranten kann freilich nicht unabhängig von den äußeren Gegebenheiten und vom jeweiligen Zeithorizont bei der Rückkehr bestimmt werden. Es gab einerseits die Exil-Prominenz: Politiker und Unternehmer, Wissenschaftler und Hochschullehrer, Schriftsteller und Künstler. Sie verfügten über renommierte Namen, in einigen Fällen über Beziehungen und in selteneren Fällen auch über Geld. Aber selbst wenn alle diese nützlichen Attribute fehlten, wußten sie in der Regel doch leicht Wege zu finden, um durch Fürsprache und Protektion zurückzukehren und – allerdings keineswegs in allen Fällen – Berufs- und Arbeitsmöglichkeiten zu finden.

Aber es gab auch die Namenlosen, die Angehörigen der sogenannten Massenemigration, die in der Regel größere Hürden zu bewältigen und bürokratische oder politische Hindernisse zu überwinden hatten. Aber sie waren nach ihrer Rückkehr in wesentlich geringerem Maße Neid und Mißgunst ausgesetzt, da gewöhnlich nur Angehörige und engere Freunde über ihren Exil-Hintergrund informiert waren. Es mochte vorkommen, daß sie vor allem in der Zeit des Kalten Krieges abfällige Bemerkungen über ihre nationale Unzuverlässigkeit zu hören bekamen, auf antisemitische Ressentiments oder auf politische Vorbehalte stießen. Aber ihre Unauffälligkeit war auch ihr Schutz. Sofern sie keine exponierten Standpunkte vertraten, nicht durch Wiedergutmachungsprozesse ins Gespräch kamen oder auf andere Weise auffielen, dürften sie kaum Objekt eines breit angelegten Unwillens gewesen sein. Ich vermute eher, daß ihnen die Ignoranz ihrer Umgebung, die Gleichgültigkeit und das Unverständnis der Öffentlichkeit gegenüber ihren Schicksalen die schmerzhafteren Erlebnisse bereitete, wie dies Fritz Kortners 1949 über diese Thematik gedrehter Film *Der Ruf* veranschaulicht.

Diese namenlose Remigration ist ein in der Nachkriegszeit kaum beachteter, auch von der Exilforschung bislang nur an Einzelproblemen untersuchter Vorgang. Dies hängt mit Quellenproblemen zusammen. Denn es gibt hierüber keine zentralen Daten und Statistiken über Rückwanderungs- und Wiedereinbürgerungsfälle. Wir wissen wohl, daß beispielsweise die Hälfte der politisch aktiven Emigranten, ein Drittel der exilierten Hochschullehrer und ein Viertel der emigrierten Künstler aus dem Bereich Theater und Film zurückkehrten, aber nicht, wie viele Emigranten insgesamt sich wieder in Deutschland (Ost und West) niedergelassen haben. Sicher ist nur, daß dieser Prozeß noch nicht abgeschlossen ist und daß auch heute noch vereinzelt hochbe-

tagte Emigranten, teilweise auch ihre Nachkommen, in das Land ihrer
Herkunft zurückkehren. Dieser Prozeß ist von einer unspektakulären
Normalität, so daß sich hier die Frage nach der Unerwünschtheit der
Rückkehrer und ihrer Fremdheit in Deutschland kaum noch als dring-
liches Problem stellt.

Die Frage der Erwünschtheit oder Unerwünschtheit stellte sich in
öffentlicher Weise im wesentlichen bei den prominenten Remigranten,
von denen manche aus Neid und Mißgunst oder aus ideologischer Borniertheit und reaktionärer Gesinnung angefeindet wurden. Waren
Unternehmer wie Philipp Rosenthal oder die Bankiersfamilie Warburg
solchen Erfahrungen nur selten ausgesetzt und in einer Weise, die sie
wahrscheinlich auch gelassen übergehen konnten, so gab es im Bereich
der Hochschulen sehr wohl Formen offener oder versteckter Diskriminierung von Rückkehrern. Es gab Universitäten, in denen beispielsweise Lehrveranstaltungen ehemaliger Emigranten im Vorlesungsver-
zeichnis nicht angekündigt wurden. Konflikte mit ehemaligen NS-Pro-
fessoren wurden in der Regel mit einem harmonisierenden Agreement
umgangen. Man akzeptierte die Emigranten, wenn diese nicht in deren
brauner Vergangenheit stocherten. Einer Phalanx aus emigranten-
feindlicher Ablehnung und fachlicher Borniertheit begegneten allerdings Vertreter von Fächern, die im Dritten Reich unterdrückt worden
waren oder nach dem Kriege ganz neu eingeführt wurden. Die an et-
lichen Universitäten vom alten Lehrkörper gezeigte Reserve gegen das
– wie man meinte: von den Alliierten aufgezwungene – Fach »Politische Wissenschaft« hing auch mit deutlichen Vorbehalten gegenüber
Rückkehrern aus dem in der Regel amerikanischen oder britischen Exil
zusammen, mit denen man die neugeschaffenen Lehrstühle besetzt
hatte. Ungeachtet dieser Erfahrungen war der Beitrag der zurückgekehrten Wissenschaftler zum Aufbau der deutschen Hochschulen
bedeutend und ihre Ausstrahlung auf die intellektuelle Landschaft
maßgeblich, wie es am Beispiel des »Instituts für Sozialforschung« und
seiner aus den USA remigrierten Vertreter Theodor W. Adorno und
Max Horkheimer illustriert werden kann.
   Die ablehnende Haltung gegen Rückkehrer hatte ihre eigene Gram-
matik, aufgrund deren man ihre Schwerpunkte in der Gesellschaft, ihre
chronologische und soziale Zuordnung ausmachen kann. Ein wichtiger Gesichtspunkt, der im Zusammenhang mit den Hochschullehrern

bereits genannt wurde, läßt sich auch für andere Bereiche verallgemeinern: der Brotneid, Mißgunst bei Stellenbesetzungen und ähnlichen Situationen. Ich möchte die hier auftretenden Aversionen als Gelegenheitsressentiments bezeichnen.

Entscheidender ist aber folgendes: Generell erinnerten die Rückkehrer die Deutschen an begangenes Unrecht. Ehemalige (verbesserliche und unverbesserliche) Nazis, Mitläufer und Opportunisten, aber auch distanzierte Zeitzeugen und sogar die Opfer unter den Dagebliebenen wurden, selbst wenn sie die Schuldproblematik verdrängten, zumindest darauf gestoßen, daß die Emigranten – vielfach unfreiwillig – die scharfsichtigere Einsicht in den Charakter des Hitler-Regimes gehabt hatten. Rückkehrer verkörperten daher das schlechte Gewissen, um so mehr, wenn sie bei stets »unpassender« Gelegenheit sich kritisch zu Wort meldeten. Die empfindlichen bis aggressiven Reaktionen auf Marlene Dietrich anläßlich ihrer sporadischen Deutschland-Besuche nach dem Kriege bildeten lange Zeit eine Art Stimmungsbarometer für diese Ressentiments.

Während der ganzen Ära Adenauer kam der Hintergrund des Kalten Krieges als Belastungsmoment hinzu. Wer gesellschaftlich vorgeschriebene Tabugrenzen überschritt und einen vorgeschriebenen politischen Konsens mißachtete, galt vorschnell als »Kommunist«. Kam ein Exil-Hintergrund dazu, wog dieser Vorwurf um so schwerer. Um dies am Bereich von Film und Theater zu demonstrieren: Jedesmal, wenn Fritz Kortner oder Erwin Piscator die angedeuteten Grenzen überschritten, wurde in der empfindlichen Reaktion der Öffentlichkeit auch der Exil-Hintergrund zum Vaterlandsverrat hochstilisiert. Dagegen blieben Persönlichkeiten, die sich in politischen Fragen nicht oder weniger exponierten – etwa Ernst Deutsch –, von Angriffen verschont. Die in der Literaturgeschichte berühmt gewordene Kontroverse zwischen Walter v. Molo, Frank Thieß und anderen Vertretern der sogenannten inneren Emigration einerseits und Thomas Mann und Schriftstellern der äußeren Emigration andererseits, bei der natürlich auch ungerechtfertigte Verdächtigungen in entgegengesetzter Richtung ausgesprochen wurden, offenbarte die tiefen Gräben zwischen beiden Seiten.

Am deutlichsten läßt sich die Tabu-Problematik des Exils, allerdings auch ihre Grenze, an einem Personenkreis erkennen, der sich wie kein anderer exponiert: an den Politikern. Bekanntlich kehrten aus dem Exil keine prominenten Politiker der Weimarer Republik zurück. Die meisten Rückkehrer, die im westlichen Nachkriegsdeutschland eine politische Karriere begannen, waren vor 1933 noch unbekannt gewesen. Dennoch waren von Anfang an heimgekehrte Emigranten am politischen Leben und beim Aufbau einer neuen Demokratie maßgeblich beteiligt. In den Parteien, von denen die Sozialdemokraten mit Abstand das größte Kontingent von Rückkehrern aufwiesen, wie in den Gewerkschaften besetzten sie Führungspositionen. Weder Erich Ollenhauer und Willy Brandt als SPD-Vorsitzende noch Ludwig Rosenberg als DGB-Vorsitzender wurden innerhalb ihrer jeweils eigenen Organisationen wegen ihres Exil-Hintergrundes angefeindet. Dies gilt auch für den streitbaren Publizisten und FPD-Abgeordneten Hubertus Prinz zu Löwenstein. Partei- und verbandsinterne Solidarität war stärker als das Ressentiment.

Im Parlamentarischen Rat und im Bundestag sowie in den Landtagen der westdeutschen Länder, unter Einschluß West-Berlins und des Saargebiets vor seiner Rückgliederung 1957, saßen insgesamt 159 Emigranten. Es gab in Bund und Ländern etliche Minister oder Senatoren und sieben Regierungschefs mit Exil-Hintergrund. Weder der bayerische Ministerpräsident Wilhelm Hoegner noch der Regierende Bürgermeister von Berlin Ernst Reuter, noch die beiden Hamburgischen Ersten Bürgermeister Max Brauer und Herbert Weichmann oder Ministerpräsident Heinz Kühn in Nordrhein-Westfalen wurden als Emigranten attackiert. Die Angriffe gegen Johannes Hoffmann im Saargebiet richteten sich gegen seinen autoritären und undemokratischen Regierungsstil und seine Konformität mit den Interessen der französischen Besatzungsmacht, nicht aber gegen seine Emigration. Er wäre als Nichtemigrant in gleicher Weise kritisiert worden.

Doch bevor ich auf die wichtige Ausnahme in diesem Zusammenhang, auf Willy Brandt, eingehe, muß aber auch dies erwähnt werden. Der Stimmungsumschwung mit Beginn des Kalten Krieges, der die Kräfte der Vergangenheit teilweise rehabilitierte, indem er ihre Feindbilder übernahm, führte auch unter Politikern zu Vorsicht. Während zum Beispiel die Bundestagsabgeordneten mit Emigrationshintergrund in der ersten Legislaturperiode im Bundestagshandbuch ihre Exilstationen angaben, unterließen sie dies in der zweiten Legislaturperiode. Es war nach 1953 nicht mehr ratsam, in der Öffentlichkeit als

früherer Emigrant erwähnt zu werden. Erst in den sechziger Jahren
tauchte das Exil wieder in den biographischen Angaben auf.

Die Angriffe gegen Willy Brandt waren jedoch von besonderer Art.
In seiner Zeit als Regierender Bürgermeister von Berlin beschränkten
sie sich auf Kreise am äußersten rechten Rand des politischen Spektrums und begleiteten ihn von dieser Seite bis an sein Lebensende. In
Berliner Wahlkämpfen und in der Publizistik waren sie jedoch ver-
gleichsweise selten, zumal einer seiner populären Vorgänger, Ernst
Reuter, einen gleichen Hintergrund gehabt hatte. Sie setzten in massiver Form erst ein, als Brandt in den 60er Jahren Parteivorsitzender und
Kanzlerkandidat wurde und somit bundespolitische Bedeutung an-
strebte. In seinem und in Herbert Wehners Fall konzentrierten sich in
der Tat die Angriffe einer konservativen bis rechtsradikalen Publizistik
in besonderem Maße auf die Emigrationszeit, verbunden mit dem Kol-
laborationsvorwurf gegen Brandt und dem der KPD-Zugehörigkeit gegen Wehner. Sie lebten in Wahlkämpfen auf und gipfelten in den 1961
von Franz Josef Strauß an Brandt gerichteten Worten: »Was haben Sie
zwölf Jahre draußen gemacht?« Erst in der Großen Koalition, in der
Brandt als Bundesaußenminister in die Regierung eintrat, wurden die
Angriffe seltener, erkauft durch die Gegenleistung, daß man weniger
in Kiesingers brauner Vergangenheit rührte.

Um die Wirkungsweise des Exil-Tabus zu vervollständigen: Die
Aversionen gegen Rückkehrer tauchten nur am äußersten rechten
Rand in Reinform auf, in einer breiteren Öffentlichkeit nur in Verbindung mit den bereits skizzierten Komponenten wie Brotneid, Mißgunst, politischem Konkurrenzkampf und hoher Empfindlichkeit gegenüber politischer Kritik. Man wird aber umgekehrt von der propa-
gandistischen Munition aus parteipolitischen Schlammschlachten
nicht immer auf eine verbreitete Emigrantenfeindlichkeit schließen
dürfen. Als Brandt 1966 Bundesaußenminister wurde, befanden sich
die Vorurteile früherer Zeiten, wie zu zeigen ist, bereits in einem Prozeß der Erosion.

Ein anderer Aspekt, der vom Ressentiment zu unterscheiden ist, war
die Fremdheit, die sich zwischen zurückkehrenden Exulanten und den
Dagebliebenen auftat. Unterschiedliche Erfahrungshorizonte und
mentale Prägungen führten zu Kommunikationsschwierigkeiten, die
von den Betroffenen nicht selten als Ablehnung empfunden wurden,
obwohl eine Aversion zumindest nicht zwingend vorgelegen haben

muß. Diese Fremdheit führte in keinem anderen Personenkreis zu solcher Irritation, zu so vielen Enttäuschungen wie unter exilierten Schriftstellern. Gerade sie waren wegen der Fixierung ihres Wirkens auf die Sprache in besonderem Maße ihrem Herkunftslande verbunden. Zwar forderte sie die Zeitschrift *Der Ruf* zur Rückkehr auf, wohl luden mehrere Städte, literarische Kreise und Schriftsteller der inneren Emigration ihre Kollegen aus dem Exil zu Lesungen ein. Aber die ersten Kontakte mit der Heimat lösten in den meisten Fällen eine tiefe Enttäuschung aus. Die Emigranten mußten entsetzt erkennen, daß sie weitgehend in Vergessenheit geraten waren. Verlage lehnten Manuskripte wegen der vermuteten Unverkäuflichkeit der Bücher ab, und nur Carl Zuckmayer bildete hier eine gewisse Ausnahme. Die offizielle Kulturpolitik der 50er Jahre zeigte an ihnen kein Interesse und begünstigte konservative Vertreter der inneren Emigration. Und die jungen Autoren der Nachkriegszeit, die Vertreter der Trümmerliteratur, suchten erst gar nicht die Verbindung mit den exilierten Schriftstellern, mit denen sie außer der Sprache kaum noch etwas gemeinsam hatten. Und manchmal nicht einmal die Sprache, wie Heinrich Böll später einmal zugab.

Es wäre, so meine ich, eine zu große Vereinfachung, wollte man die Enttäuschungen der rückkehrwilligen Literaten, deren kulturelle und mentale Prägung von der Weimarer Republik und dem Exil bestimmt worden war, ausschließlich als Reserve, als Ablehnung deuten. Ressentiments gegen exilierte Schriftsteller tauchten vor allem dann auf, wenn sie sich kritisch über die Dagebliebenen äußerten oder Gedanken aussprachen, die im Kalten Krieg als Parteinahme für die falsche Seite mißverstanden wurden.

Hier spielte eben neben den bereits genannten Komponenten jenes Phänomen der durch die bewußten zwölf Jahre verursachten wechselseitigen Entfremdung eine Rolle. Stärker als bei anderen Personengruppen wirkte sich bei Schriftstellern auch die narzißtische Kränkung über die Verweigerung von Verständnis und Anerkennung und die Nichterfüllung der eigenen politischen, literarischen und persönlichen Ansprüche aus. »Einmal Emigrant, immer Emigrant«, drückte dies Ludwig Marcuse aus. Einige Autoren wie Klaus Mann kehrten nach ersten Sondierungen wegen einer Niederlassung in Deutschland ins Exil zurück. Manche kamen nur auf Stippvisite nach Deutschland – so

Oskar Maria Graf. Einige verweilten längere Zeit – so Alfred Döblin, Fritz v. Unruh oder Hans Habe – und emigrierten in den 50er Jahren ein zweites Mal oder führten eine Art Pendlerdasein, ohne sich für ein Land ganz entschließen zu können. Und Autoren wie Leonhard Frank, die sich dennoch endgültig in Deutschland niederließen, mußten Enttäuschungen erleben, von denen das geringe Interesse an ihnen noch zu den weniger verletzenden gehörte. Und selbst Carl Zuckmayer, der von allen Schriftstellern wohl die geringsten Schwierigkeiten hatte, bemerkte einmal, daß seine Rückkehr keine Heimkehr geworden sei.

Ein hier fälliger Blick auf das Verhältnis der DDR zu Exil und Emigration bietet eine – allerdings nur scheinbar – bessere Welt. Die politische und kulturelle Führungselite bestand zu einem großen Teil aus Remigranten. Die SED berief sich aus legitimatorischen Gründen auf das andere, das bessere Deutschland, das dem Exil sein Überleben verdankte. Dieses vereinfachte Bild blieb nicht ohne Einfluß auf die kulturelle Öffentlichkeit in der Bundesrepublik und im westlichen Ausland, die dabei die Verlogenheit des staatlich verordneten Antifaschismus in der DDR verkannte. Nicht jeder Hitler-Gegner im Exil verdiente demokratische Reputation, und zu den Vertretern der Emigration gehörte nicht nur Willy Brandt, sondern auch Erich Mielke. Auch in der DDR gab es eine Ausgrenzung von Emigranten, der Vertreter der sogenannten West-Emigration; dies zwar nicht als Folgewirkung der NS-Herrschaft, wohl aber der stalinistischen Säuberungen, die kein erfreulicheres Bild boten. Und die jüdische Emigration und ihre Hintergründe wurden über Jahrzehnte offiziell nicht zur Kenntnis genommen. Der einzige positive Aspekt, den ich der DDR in dieser Frage abgewinnen kann, ist die frühzeitige staatlich geförderte wissenschaftliche Erforschung der Emigration und die verlegerische Betreuung der Exilliteratur zu einer Zeit, in der im Westen für diese Thematik kaum Interesse bestand.

Das Verhältnis eines Teiles der westdeutschen Öffentlichkeit zu Exil und Emigration änderte sich spürbar in den 60er Jahren, als vor allem die Studentenbewegung in den vergessenen Vertretern des Exils eine andere Option der deutschen Geschichte und damit die eigenen verschütteten Wurzeln zu erkennen meinte. Allerdings beschränkte sich dieses Interesse einseitig auf die politischen und intellektuellen Emigrationseliten, wogegen das »Exil der kleinen Leute« erst in den letzten Jahren von der Forschung beachtet worden ist. Gleichwohl sollten die

Impulse der späten 60er Jahre in diesem Kontext nicht gering geachtet werden. In der Folgezeit wurden die Defizite der unmittelbaren Nachkriegszeit angegangen, wurden mit umfassenden öffentlichen Mitteln Archivalien gesammelt, Forschungsprojekte gefördert und Publikationsvorhaben finanziert. Die Exilforschung als interdisziplinäres Forschungsgebiet ist in der deutschen Wissenschaftslandschaft inzwischen fest etabliert. Wissenschaftliche und künstlerische Leistungen des Exils, vor allem die Exilliteratur, sind – ungeachtet noch bestehender Defizite – im Bewußtsein der interessierten Öffentlichkeit längst repatriiert worden.

Aber auch hier sind kritische Fragen angebracht. Haben die Exilforschung und das zweifellos vorhandene öffentliche Interesse am deutschen Exil auch aufklärerisch gewirkt? Oder geht das heute entkrampfte Verhältnis zu diesem Thema und damit auch zu den zahlenmäßig inzwischen stark zurückgegangenen Emigranten auf das Nachwachsen unbelasteter und damit auch unbefangener Generationen zurück? Max Planck äußerte einmal, daß sich wissenschaftliche Fortschritte nicht dadurch durchsetzten, daß die Vertreter überholter und widerlegter Theorien sich überzeugen ließen, sondern dadurch, daß sie nach und nach durch jüngere Fachkollegen ersetzt würden, die von Anfang an mit den neuen Erkenntnissen aufgewachsen seien. Ganz so pessimistisch sehe ich dies im Falle der Exilforschung nicht. Sie hat zweifellos einen Beitrag zum Verständnis des Exils, der Emigration und damit auch zu den Problemen der Rückkehrer geleistet, der auch auf ältere Generationen nachhaltig gewirkt hat.

Die hier gestellte Frage »Wie fremd sind uns die Emigranten?« sollte heute daher anders gestellt werden, und zwar mit Blick auf die nicht mehr erreichbaren Adressaten im Konjunktiv: »Wie fremd wären wir den Emigranten heute?« Daß die Stigmatisierten, die aus ihrem heimischen Umfeld vertrieben wurden, weder im Exil noch in der früheren Heimat heimisch werden konnten, hing ja nicht nur mit einer öffentlichen Abwehrhaltung in Nachkriegsdeutschland oder mit bürokratischen, materiellen und persönlichen Schwierigkeiten zusammen, sondern auch mit den hohen, vielleicht unerfüllbaren Erwartungen, die sie mit ihrer Rückkehr und ihrer geplanten Mitwirkung an der Gestaltung anderer Verhältnisse in Deutschland verbunden hatten.

»Normalität« kann als etwas Bedrückendes und als etwas Beruhigendes empfunden werden, je nachdem, von welcher Seite des politischen Pendelschlages man sie betrachtet. Die meisten politischen und intellektuellen Remigranten wollten kein »normales« Deutschland und verstanden den durch die NS-Zeit versperrten Zugang zur Normalität als Chance. Dies mag eine Illusion gewesen sein. Aber in einer Zeit, in der rechtsradikale Aktivitäten, antisemitische Schmierereien und Gewalt gegen Fremde und Randgruppen zu einer scheinbaren Normalität geworden sind, gilt es, die Geschichte von Flucht und Emigration, Exil und Widerstand, Rückkehr und Wiederaufbau als Vermächtnis zu achten. Theodor W. Adorno, ein Emigrant, ein Rückkehrer, fand hierfür die passenden Worte: »Nicht um die Konservierung des Vergangenen, sondern um die Einlösung der vergangenen Hoffnungen ist es zu tun.«

Literatur

Hans-Georg Lehmann, *In Acht und Bann. Politische Emigration, NS-Ausbürgerung und Wiedergutmachung am Beispiel Willy Brandts*, München 1976.

Hartmut Mehringer/Werner Röder/Dieter Marc Schneider, Zum Anteil ehemaliger Emigranten am politischen Leben der Bundesrepublik Deutschland, der Deutschen Demokratischen Republik und der Republik Österreich, in: Wolfgang Frühwald/Wolfgang Schieder (Hg.), *Leben im Exil. Probleme der Integration deutscher Flüchtlinge im Ausland 1933–1945*, Hamburg 1981, S. 207–223.

Peter Mertz, *Und das wurde nicht ihr Staat. Erfahrungen emigrierter Schriftsteller mit Westdeutschland*, München 1985.

Sven Papcke, Exil und Remigration als öffentliches Ärgernis. Zur Soziologie eines Tabus, in: *Exilforschung. Ein internationales Jahrbuch*, Band 9: Exil und Remigration, München 1991, S. 9–24.

Rückkehr aus dem Exil. Emigranten aus dem Dritten Reich in Deutschland nach 1945. Essays zu Ehren von Ernst Loewy, herausgegeben von Thomas Koebner und Erwin Rotermund, Marburg 1990.

Die Autorin und die Autoren

Carl Amery (eigentlich Christian Anton Mayer), geboren 1922, studierte Philologie in München und Washington D. C., 1941–1945 im Krieg; seit 1950 freier Schriftsteller, 1968–1971 Direktor der Stadtbibliothek München. 1976–1977 Vorsitzender des Schriftstellerverbandes, 1979–1980 Präsident des westdeutschen P.E.N.
Romane: Die große deutsche Tour (1959), Das Königsprojekt (1974), Der Untergang der Stadt Passau (1975), An den Feuern der Leyermark (1979), Die Wallfahrer (1986), Das Geheimnis der Krypta (1990); Essays (u. a.): Die Kapitulation (1963), Die Botschaft des Jahrtausends (1994); zahlreiche Hörspiele und Features.

Joseph (»Joschka«) Fischer, geboren 1948; in den 60er Jahren Vorstandsmitglied des Sozialistischen Deutschen Studentenbundes (SDS), Arbeiter bei Opel in Rüsselsheim, Taxifahrer, Buchhändler und Redakteur (beim »Pflasterstrand«, Frankfurt a. M.); 1983/84 Bundestagsabgeordneter der GRÜNEN und parlamentarischer Geschäftsführer, 1987 Abgeordneter des hessischen Landtages und stellvertretender Ministerpräsident in Hessen, seit 1995 Mitglied des Bundestages. Fraktionssprecher von Bündnis 90/DIE GRÜNEN.
Veröffentlichungen u. a.: Die Linke und der Sozialismus (1992), Der Umbau der Industriegesellschaft. Plädoyer wider die herrschende Umweltlüge (1993), Risiko Deutschland. Krise und Zukunft der deutschen Politik (1995).

Heiner Geißler, geboren 1930, Jesuitenkolleg in St. Blasien, dann Studium der Philosophie und Rechtswissenschaft in München und Tübingen; Dr. jur., 1962 Richter; 1965 erstmals Mitglied des Bundestages,

1977–1989 CDU-Generalsekretär, 1982–1985 Bundesminister für Jugend, Familie und Gesundheit; stellvertretender Vorsitzender der CDU/CSU-Bundestagsfraktion.
Veröffentlichungen u. a.: Abschied von der Männergesellschaft (1986), Zugluft. Politik in stürmischer Zeit (1990), Heiner Geißler im Gespräch mit Gunter Hofmann und Werner A. Perger (1993), Gefährlicher Sieg (1995).

Wolfgang Kraushaar, geboren 1948, studierte Philosophie, Germanistik und Politikwissenschaft in Frankfurt am Main; Dr. phil., seit 1987 Mitarbeiter des Hamburger Instituts für Sozialforschung.
Veröffentlichungen u. a.: Revolte und Reflexion (1990), Protest-Chronik. Eine illustrierte Geschichte von Politik, Widerstand und Utopie. 1949–1959, Bd. I–III (1996).

Elisabeth Lenk, geboren 1937, studierte Philosophie, Soziologie und Literaturwissenschaft in Frankfurt am Main und Paris; seit 1976 Professorin für Literaturtheorie in Hannover.
Veröffentlichungen u. a.: Die unbewußte Gesellschaft (1983), Kritische Phantasie (1986), Achronie. Über literarische Zeit im Zeitalter der Medien (1995).

Patrik von zur Mühlen, geboren 1940, studierte Geschichte, Politische Wissenschaft und Philosophie in Berlin und Bonn; 1971 Dr. phil.; 1973–1975 im Bundesministerium für Bildung und Wissenschaft, seit 1975 wissenschaftlicher Referent in der Friedrich-Ebert-Stiftung Bonn.
Veröffentlichungen u. a.: Spanien war ihre Hoffnung. Die deutsche Linke im Spanischen Bürgerkrieg 1936–1939 (1983), Fluchtziel Lateinamerika. Die deutsche Emigration 1933–1945: politische Aktivitäten und soziokulturelle Integration (1988), Fluchtweg Spanien–Portugal. Die deutsche Emigration und der Exodus aus Europa 1933–1945 (1992).

Jens Reich, geboren 1939 in Göttingen, studierte Medizin an der Humboldt-Universität Berlin, bis 1964 praktischer Arzt; seit 1968 tätig am Institut für Molekularbiologie in Berlin-Buch; seit 1980 Professor für Biomathematik. September 1989 Mitbegründer des Neuen Forum, 1990 Abgeordneter der Volkskammer in der DDR.

Veröffentlichungen u. a.: Rückkehr nach Europa. Zur neuen Lage der deutschen Nation (1991), Abschied von den Lebenslügen. Die Intelligenz und die Macht (1992).

Michael Rohrwasser, geboren 1949, studierte Germanistik und Politologie in Freiburg i. Br.; Literaturwissenschaftler und Literaturkritiker; derzeit Dozent in Oppeln.
Veröffentlichungen u. a.: Der Stalinismus und die Renegaten. Die Literatur der Exkommunisten (1991), Coppelius, Cagliostro, Napoleon. Der verborgene politische Blick E. T. A. Hoffmanns (1991).

Pierre Bourdieu
Satz und Gegensatz
Über die Verantwortung des Intellektuellen

Aus dem Französischen von
Ulrich Raulff und Bernd Schwibs

Band 11007

Mißt man die Radikalität einer sozialen Theorie am Widerstand, den sie in der akademischen Welt hervorruft, so zählt das
Werk Bourdieus zweifellos zu den radikalsten wissenschaftlichen Unternehmungen unserer Zeit. Die Mißverständnisse und
Anfeindungen, denen es noch immer ausgesetzt ist, lassen er-
ahnen, welche Desillusionierung, ja Kränkung Bourdieus For-
schungen in sich bergen: Im Gegensatz zur herkömmlichen So-
zialwissenschaft spart seine *Phänomenologie* symbolischer Formen den eigenen sozialen Ort gerade *nicht* aus – die Welt der
Intellektuellen und des öffentlichen Diskurses, den Hort wissenschaftlicher Objektivität. Schonungslos hat Bourdieu offen-
gelegt, welch subtile Tauschbeziehungen und Machtstrukturen
das vorgeblich »reine« Erkenntnisinteresse in der Praxis beherrschen. »Der Überbringer der Hiobsbotschaft darf nicht erwarten, auf Anhieb Gehör zu finden«, schreibt Bourdieu. Die In-
terviews und Gespräche, die in diesem Band versammelt sind,
belegen eindrucksvoll, daß Bourdieu sich keinesfalls in der Rolle des Unverstandenen gefällt, sondern ganz uneitel und vielfach selbstironisch darum bemüht ist, auch die eigenen Voraussetzungen zu befragen und zu erläutern: subjektive Interessen
ebenso wie wissenschaftliche Leitbilder.

Fischer Taschenbuch Verlag

fi 166 / 3